ハングル表II ＜基本母音＋濃音＞

母音＼子音	❶ ㅏ	❷ ㅑ	❸ ㅓ	❹ ㅕ	❺ ㅗ	❻ ㅛ	❼ ㅜ	❽ ㅠ	❾ ㅡ	❿ ㅣ
1 ㄲ [kk]	까	꺄	꺼	껴	꼬	꾜	꾸	뀨	끄	끼
2 ㄸ [tt]	따	땨	떠	뗘	또	뚀	뚜	뜌	뜨	띠
3 ㅃ [pp]	빠	뺘	뻐	뼈	뽀	뾰	뿌	쀼	쁘	삐
4 ㅆ [ss]	싸	쌰	써	쎠	쏘	쑈	쑤	쓔	쓰	씨
5 ㅉ [cch]	짜	쨔	쩌	쪄	쪼	쬬	쭈	쮸	쯔	찌

複合母音

❶	❷	❸	❹	❺	❻	❼	❽	❾	❿	⓫
ㅐ	ㅒ	ㅔ	ㅖ	ㅘ	ㅙ	ㅚ	ㅝ	ㅞ	ㅟ	ㅢ
애	얘	에	예	와	왜	외	워	웨	위	의

子音との組み合わせ例　새, 쟤, 네, 계, 과, 돼, 회, 뭐, 쉐, 뒤, 희

ハングルの順序

辞書の見出しなどに登場するハングルは次の子音の順序で並んでいます。

ㄱ ㄲ ㄴ ㄷ ㄸ ㄹ ㅁ ㅂ ㅃ ㅅ ㅆ ㅇ ㅈ ㅉ ㅊ ㅋ ㅌ ㅍ ㅎ

また、それぞれの子音の中は次の母音の順序になっています。

ㅏ ㅐ ㅑ ㅒ ㅓ ㅔ ㅕ ㅖ ㅗ ㅘ ㅙ ㅚ ㅛ ㅜ ㅝ ㅞ ㅟ ㅠ ㅡ ㅢ ㅣ

シンプル韓国語 入門編

光化門韓国語スタジオ 著

はじめに

　ソウルの中心地が見渡せる少し小高い丘の中腹、慶熙宮(キョンヒグン)の裏手に光化門(クァンファムン)スタジオという小さなアパートがありました。札幌、下関、熊本。日本で当たり前に暮らしていれば縁もゆかりもなかったであろう私たち三人は、このひっそりとしたアパートの一室にしばしば集い、近くの市場で手に入れた野菜や果物を口にしながら、それぞれの「韓国」を語り合いました。
　急成長を遂げるソウルにあって再開発の大波は容赦なく古き良き韓国を次々とのみ込み、光化門スタジオも今は私たちの記憶のうちにあるのみです。しかしここで交わされたたわいのない語らいの中から、この『シンプル韓国語』は生まれました。私たちは、実際に韓国語を教えながら、「もっとコミュニケーション能力の育成に直結したテキストがあったらいいな」と、それぞれが思っていたことを持ち寄って、一緒にテキストを作ることにしたのです。

　私たちはまずシンプルで学びやすいテキストを作ることにしました。今や韓国語を学ぶことは決して珍しいことではありません。学ぶ人も飛躍的に増えて、学びの場もどんどん広がっています。でも多くの学習者は限られた時間と限られた環境の中で学んでいます。ですから、学ぶことが負担とならないよう、「段階的に、消化よく、定着を」を念頭に、学習項目や語句を詰め込みすぎないシンプルなテキストにしました。

　また、シンプルではあっても、韓国語でコミュニケーションがしたいという多くの学習者の希望に応えるために、「話す・聞く・書く・読む」の4技能がバランスよく練習でき、コミュニケーションのための韓国語能力が自然と身に付くようにしたいと考えました。そこで学習者が自分で考えながら答えを探し出し、練習できるように内容を工夫しました。

私たちは、今まさに韓国語を学ぶ最初の一歩を踏み出そうとしているみなさんに、この『シンプル韓国語　入門編』を手にとっていただき、韓国語を学ぶ楽しさと、韓国語でコミュニケーションできる喜びをゆっくりと確実に一歩ずつ進みながら感じていただきたいと願っています。そしてさらに次のステップ『シンプル韓国語　初級編』でみなさんとまたお会いできることを願っています。また、全国で韓国語を教えていらっしゃる先生方にとって、このテキストがささやかではあっても確かな一助となることができれば幸いです。

　最後に、拙い私たちのテキストの出版を快く引き受けてくださったアルクの新城宏治さまと岡崎暢子さま、そして私たちのわがままを根気強く聞き入れてくださり、私たちが考えていた以上にすてきなテキストに仕上げてくださったHANAの松島彩さまに心から感謝申し上げます。

2010年3月

光化門韓国語スタジオ一同

目次

発音と文字編 …9

第1課	母音①	基本母音	12
第2課	子音①	基本子音	16
第3課	子音②	パッチム	20
第4課	子音③	激音・濃音	26
第5課	母音②	複合母音	29
第6課	日本語のハングル表記		32

準備編 …35

第1課	저는 이유미예요.	私はイ・ユミです。	38
第2課	이거 뭐예요?	これ、何ですか?	40
第3課	누구예요?	誰ですか?	42
第4課	우유 있어요?	牛乳ありますか?	44
第5課	맛있어요.	おいしいです。	46
第6課	뭐 해요?	何しますか?	48

本編　…51

第1課	저는 김지은이에요.	私はキム・ヂウンです。	56
第2課	이거 과자예요?	これ、お菓子ですか？	64
第3課	식당이 어디에 있어요?	食堂はどこにありますか？	74
第4課	가족이 몇 사람이에요?	家族は何人ですか？	84
第5課	어디에 가요?	どこに行きますか？	92
第6課	언제 해요?	いつしますか？	102
第7課	몇 시에 시작해요?	何時に始まりますか？	112
第8課	요즘 어떻게 지내요?	このごろどう過ごしていますか？	122
第9課	도서관에서 공부했어요.	図書館で勉強しました。	132
第10課	처음 뵙겠습니다.	はじめまして。	142
第11課	오늘 날씨가 어때요?	今日、天気はどうですか？	152

- **巻末付録** … 161

  発音変化のルール 162／動詞・形容詞の変則活用 165／活用表 167／
  韓国語の助詞一覧 169／各課の文型と文法の整理 170／索引 182

- **解答集（別冊）**

シラバス

	課	タイトル	ハングル
発音と文字編	1	母音① 基本母音	・基本母音（아, 야, 어, 여, 오, 요, 우, 유, 으, 이） ・発音の方法
	2	子音① 基本子音	・基本子音（ㄱ, ㄴ, ㄷ, ㄹ, ㅁ, ㅂ, ㅅ, ㅇ, ㅈ, ㅎ） ・ハングル表　・子音の形と音
	3	子音② パッチム	・パッチム（ㄱ, ㄴ, ㄷ, ㄹ, ㅁ, ㅂ, ㅇ） ・パッチムの発音のこつ　・パッチム ㅅ, ㅈ, ㅎ の発音　・パッチムと連音
	4	子音③ 激音・濃音	・激音と濃音（ㅋ, ㅌ, ㅍ, ㅊ, ㄲ, ㄸ, ㅃ, ㅆ, ㅉ） ・平音・激音・濃音の特色の整理
	5	母音② 複合母音	・複合母音（애, 얘, 에, 예, 와, 왜, 외, 워, 웨, 위, 의）
	6	日本語のハングル表記	・日本語のハングル表記 ・日本語の名前や地名などをハングルで書くときのポイント

	課	タイトル	文型・文法	機能・表現
準備編	1	저는 이유미예요. 私はイ・ユミです。	・저는 ～예요.	・あいさつ
	2	이거 뭐예요? これ、何ですか?	・이거 뭐예요? ・～예요.	・身近なものの名称
	3	누구예요? 誰ですか?	・누구예요? ・～예요.	・身近な人の名称
	4	우유 있어요? 牛乳ありますか?	・～ 있어요? ・네, 있어요.	・買い物
	5	맛있어요. おいしいです。	・形容詞など～(해)요.	・褒める / 応える
	6	뭐 해요? 何しますか?	・뭐 해요? ・動詞～(해)요.	・動詞に触れる

課	タイトル	文型・文法	機能・表現	課題
1	저는 김지은이에요. 私はキム・ヂウンです。	・〜이에요/예요. ・〜은/는 〜이에요/예요.	・自己紹介 ・職業 ・国の名前	・自己紹介 ・職業 ・国の名前
2	이거 과자예요? これ、お菓子ですか？	・指示語の体系 ・이거/그거/저거 뭐예요? ・〜이/가 아니에요.	・贈り物をする ・感謝する	・目標物を選別する ・物の名前を尋ねる
3	식당이 어디에 있어요? 食堂はどこにありますか？	・〜(이/가) 있어요/없어요. ・〜(이/가) 어디에 있어요? ・〜도	・売り場を聞く ・位置を表す ・漢数詞	・売り場を尋ねる ・探し物 ・私の町
4	가족이 몇 사람이에요? 家族は何人ですか？	・몇 사람이에요?/ 〜 사람이에요. ・누가 있어요?/계세요? ・계세요/안 계세요	・家族について尋ねる ・固有数詞 ・家族の呼び方	・家族構成 ・家族紹介 ・家族について尋ねる
5	어디에 가요? どこに行きますか？	・〜에 가요/와요. ・〜을/를 〜(해)요. ・〜에서 〜(해)요.	・道であいさつをする ・場所と行為	・場所と行為 ・道で知り合いとあいさつを交わす
6	언제 해요? いつしますか？	・언제 〜(해)요? ・안 (해)요.	・日常の行為 ・予定を尋ねて誘う ・時を表す表現	・行為の確認 ・話を聞いて要約する ・予定を尋ねて誘う
7	몇 시에 시작해요? 何時に始まりますか？	・지금 몇 시예요? ・〜에〜(해)요. ・〜이/가 어때요?	・時間の表現 ・感想を聞く ・予定を尋ねる	・一日の生活 ・時間を聞き取る ・明日の予定を尋ねる
8	요즘 어떻게 지내요? このごろどう過ごしていますか？	・動詞・形容詞の基本形 ・해요体の作り方	・近況を尋ねる	・ソウル旅行 ・辞書を引く
9	도서관에서 공부했어요. 図書館で勉強しました。	・해요体の過去形の作り方	・過去の出来事を尋ねる	・出来事(食堂・家で) ・昨日のことを尋ねる ・日記を書く
10	처음 뵙겠습니다. はじめまして。	・〜(이)라고 합니다. ・〜에서 왔습니다. ・〜에 삽니다. ・합니다体の作り方 ・합니다体の疑問形と過去形の作り方 ・〜입니다	・目上の人に自己紹介する ・改まった言葉遣い	・改まった自己紹介 ・さまざまなあいさつ
11	오늘 날씨가 어때요? 今日、天気はどうですか？	・いろいろな形容詞	・天気に関する表現 ・感想や状態を尋ねる	・感想や状態を聞く ・天気予報

発音と文字編

韓国語の発音と、
ハングルと呼ばれる文字について
学びます。

… 発音と文字編

● 発音と文字編の内容

第1課	母音①	基本母音
第2課	子音①	基本子音
第3課	子音②	パッチム
第4課	子音③	激音・濃音
第5課	母音②	複合母音
第6課	日本語のハングル表記	

● 発音と文字編の使い方

❶ まず発音から聞いてみましょう。

　韓国語は発音と文字の形の間に密接な関係があります。各章に入ったらまず音声で発音を聞いてみましょう。「ああ、日本語にない発音だ」「この発音は日本語にもあるな」というように発音を意識して文字を覚えます。

❷ 例として出ている言葉は覚えてしまいましょう。

　文字の成り立ちを理解したら単語の学習を通して文字に慣れていきましょう。例として出ている言葉は、ぜひ覚えておきたい基礎的なものばかりです。

❸ 同時に準備編も読んでみましょう。

　発音と文字編と合わせて、P.35からの準備編で短い会話を楽しみましょう。発音と文字を学ぶことは、韓国語という「山」に登るための重要な一歩ですが、準備編と組み合わせて学ぶことで、その一歩が「韓国語でのコミュニケーション」という世界につながっていることを実感できるでしょう。

● まずはじめに

ハングルはどんな文字?

　これからみなさんと一緒に勉強する韓国語は**ハングル**(한글)という文字を使って表します。この**ハングル**は、韓国語の音を書き表すため、15世紀に朝鮮王朝の世宗大王の命によって作られました。そのため世宗大王は韓国で大変尊敬されていて、1万ウォン札の肖像画にもなっています。

世宗大王

　ハングルの一つひとつの文字は母音と子音からできていて、日本語のローマ字表記に似ています。日本語のバナナをローマ字とハングルで表すと…

```
  バ      ナ      ナ
  ∧      ∧      ∧
 b a    n a    n a
 | |    | |    | |
 바     나     나
  ∨      ∨      ∨
  바     나     나
```

ㅏが母音で、ㅂとㄴが子音だということが分かりますね。
ではさっそくハングルについて学んでみましょう。

第1課 発音と文字編

母音① 基本母音

母音とは日本語をローマ字で書いたときの「a、i、u、…」に当たります。ハングルの基本母音は全部で10個あります。

1 基本母音 CD 02

発音しながら書きましょう。

		発音	筆順	練習
①	아	「ア」と同じ	아	
②	야	「ヤ」と同じ	야	
③	어	あごを緩め口を開いて「オ」	어	
④	여	あごを緩め口を開いて「ヨ」	여	
⑤	오	唇を突き出して「オ」	오	
⑥	요	唇を突き出して「ヨ」	요	
⑦	우	唇を突き出して「ウ」	우	
⑧	유	唇を突き出し「ユ」	유	
⑨	으	唇を横一文字にして「ウ」	으	
⑩	이	「イ」と同じ	이	

左の表のㅏ、ㅑ、ㅓ、ㅕ、ㅗ、ㅛ、ㅜ、ㅠ、ㅡ、ㅣの部分が母音です。母音を文字として表すときは表のように「ㅇ」を添えて書きます。

2　発音の方法

1)　文字の形と口の形
　発音するときは口の開け方に注意しましょう。

아 야 어 여　　　오 요 우 유　　　으 이

2)　同じ音に聞こえる二つの音
　어と오はどちらも「オ」、우と으はどちらも「ウ」のように、私たちの耳には同じ音に聞こえますが、韓国人にとってはまったく違う音です。正確に発音するように努力しましょう。

・二つの「オ」

어　うがいをするとき、あごが緩みますよね。あの感じで口を大きく開けて発音します。口の開け方は아よりやや小さく、舌は浮いた状態です。

오　唇をすぼめて突き出すことを意識して発音します。

・二つの「ウ」

우　唇をすぼめて突き出すことを意識して発音します。

으　口角を横一文字にしっかり引き、発音します。

✏️ 練習1　次の言葉を発音しましょう。　CD 03

２이
二

５오
五

이유
理由

아이
子供

오이
キュウリ

우유
牛乳

✏️ 練習2　次の言葉を書きましょう。

아이	아이		
오	오		
우유	우유		
이	이		
오이	오이		
이유	이유		

❗ ハングルの書き方に注意しましょう。

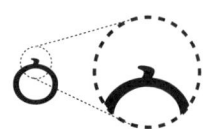
この本の活字に見られる「ㅇ」の上の「ヽ」は筆で書いたときの書き始めを表したもので、実際に字を書く場合には必要ありません。「ㅇ」と書きましょう。

🖉 練習3　音声を聞いて聞こえた方に○を付けましょう。　CD 04

① 우유　이유

② 오이　아이

③ 오　　이

🖉 練習4　ヒントを見ながら □ の空欄に文字を入れましょう。

① 아
　　유

②
　5　＋　2　＝　キュウリ
　□　＋　□　＝　□□

子音① 基本子音

子音とは日本語をローマ字で書いたときの「k、n、t、r、m…」に当たります。ハングルの基本子音は10個あります。

1 基本子音 CD 05

発音しながら書きましょう。

		発音		筆順	練習	ㅏ	練習
1	ㄱ	[k/g]	語頭で「カ行」、語中で「ガ行」	ㄱ		가	
2	ㄴ	[n]	「ナ行」と同じ	ㄴ		나	
3	ㄷ	[t/d]	語頭で「タ行」、語中で「ダ行」	ㄷ		다	
4	ㄹ	[r, l]	「ラ行」と同じ	ㄹ		라	
5	ㅁ	[m]	「マ行」と同じ	ㅁ		마	
6	ㅂ	[p/b]	語頭で「パ行」、語中で「バ行」	ㅂ		바	
7	ㅅ	[s]	「サ行」と同じ	ㅅ		사	
8	ㅇ	[-]		ㅇ		아	
9	ㅈ	[ch/j, z]	語頭で「チャ行」、語中で「ヂャ行」または「ザ行」	ㅈ		자	
10	ㅎ	[h]	「ハ行」と同じ	ㅎ		하	

- ! ㄱ、ㄷ、ㅂ、ㅈの説明にある語頭とは、言葉の最初に来る音。語中とはそれ以外の音を指します。
- ! ㅈはㅈという形で書かれる場合もあります。

2 ハングル表

　子音と母音を組み合わせたハングル表は日本語の五十音表のようなものです。発音しながらハングル表を完成さましょう。

- ! 3の段の댜、뎌、됴はほとんど使いません。두、듀、드、디は、トゥ、テュ、トゥ、ティのように発音しましょう。9の段の자と쟈、저と져、조と죠、주と쥬は同じ音になります。

✏️ 練習1　発音しながら書きましょう。　CD 06

ㄱ 고기　肉

ㄴ 누구　誰

ㄷ 도시　都市

ㄹ 우리　私たち

ㅁ 어머니　母

ㅂ 아버지　父

ㅅ 가수　歌手

ㅈ 여자　女の人

ㅎ 하나　一つ

❕ ㄱ、ㄷ、ㅂ、ㅈは語中では日本語の濁音のように発音されます。고기は[コキ]ではなく[コギ]となり、누구は[ヌク]ではなく[ヌグ]となります。

✏️ 練習2　音声を聞いて聞こえた方に○を付けましょう。　CD 07

① 아버지　　어머니
② 도시　　　고기
③ 가수　　　하나

✏️ 練習3　☐に共通して入る子音を書き入れましょう。

① 고☐ㅣ 肉　　　☐ㅏ수 歌手
② 하☐ㅏ 一つ　　ㅜ구 誰
③ 아버☐ㅣ 父　　여☐ㅏ 女の人

3　子音の形と音

子音の形を表すハングルは、発音するときの口の様子を表しています。

ㄱ 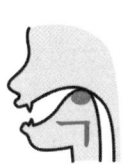　　ㄴ, ㄷ, ㄹ 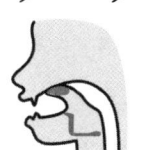　　ㅁ, ㅂ

ㅅ, ㅈ 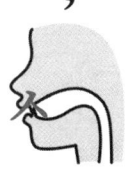　　ㅇ, ㅎ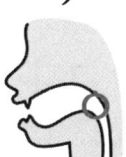

子音② パッチム

第3課 発音と文字編

ハングルには子音＋母音タイプのほかに、子音＋母音＋子音のタイプがあります。

1 パッチム

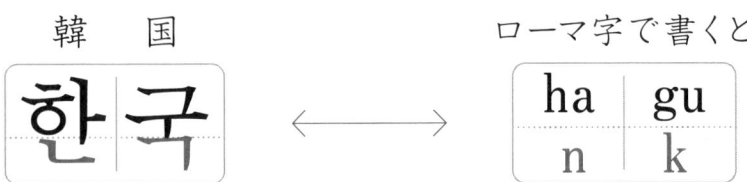

それぞれの文字の下の部分にあるㄴやㄱの子音をパッチムと呼びます。

✏️ 練習1　パッチムを○で囲みましょう。

① 약　　② 산　　③ 물

④ 밤　　⑤ 밥　　⑥ 사랑

✏️ 練習2　パッチムのある音を聞きましょう。　CD 08

パッチム	1 ㄱ	2 ㄴ	3 ㄷ	4 ㄹ	5 ㅁ	6 ㅂ	7 ㅇ
発音	[-k]	[-n]	[-t]	[-l]	[-m]	[-p]	[-ng]
	각	난	단	랄	맘	밥	앙

2 パッチムの発音のこつ

下の表は、それぞれのパッチムを発音するときの口の様子をまとめたものです。

			説明
1	ㄱ [-k]	각 [kak] / 舌の根元が付く	「サッカー」の「ッ」 舌の根元でのどをふさぎ、息の流れを止めて終わる。
2	ㄴ [-n]	난 [nan] / 舌の先が付く	「本の」の「ん」 舌の先を歯ぐきに付け、鼻の奥を響かせながら終わる。
3	ㄷ [-t]	단 [tat] / 舌の先が付く	「やった!」の「っ」 息の流れを止めるように舌の先を上の歯ぐきに付けて終わる。
4	ㄹ [-l]	랄 [ral] / 舌の先が付く	「あらまあ!」の「っ」 舌を上あごに付けて終わる。英語の「r」のように巻き舌にしない。
5	ㅁ [-m]	맘 [mam]	「本も」の「ん」 口を閉じて、鼻の奥を響かせながら終わる。
6	ㅂ [-p]	밥 [pap]	「やっぱり」の「っ」 息の流れを止めるように、口を閉じて終わる。
7	ㅇ [-ng]	앙 [ang] / 앙 응 응	「本が」の「ん」 口は母音を発音するときの形で開けたままで、鼻の奥を響かせながら終わる。

! ハングルは각、랄、맘などで一文字ですから、発音するときも一息で発音します。「kaku」「ralu」「mamu」のようにならないよう気を付けましょう。

가、나、다、라、마、바と母音ㅏが出るまでの口の動きに気を付けながらゆっくりと発音してみましょう。発音に合わせて舌の先が上あごにくっついたり、唇が閉じたりするのが分かるでしょう。

가と発音するときは、舌の根元が盛り上がって上あごの奥に付き、ㅏを出すと離れていきますね。가はㄱ+ㅏですから、この舌の根元の盛り上がる様子が子音ㄱを表しています。

例えば가の下にパッチムㄱがついた각の発音をするには、가の後ですぐに、もう一度舌の奥を上あごに付けて、舌の奥で息の流れを止めて発音します。가구のように母音の音が付いてしまわないように、しっかり止めましょう。

3 パッチムㅅ, ㅈ, ㅎの発音

子音ㅅ、ㅈ、ㅎがパッチムに来たとき、パッチムの音は[ㄷ]で発音されます。つまり낫、낮、낳と書かれていても、音はすべて[낟]なのです。例えば、옷(服)の発音は[옫]です。

✎ 練習1　発音しながら書いてみましょう。　CD 09

ㄱ　약　　薬
[-k]

ㄴ　산　　山
[-n]

ㄷ　옷　　服
[-t]

ㄹ　물　　水
[-l]

ㅁ 밤 夜
[-m]

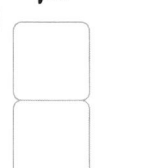

ㅂ 밥 ごはん
[-p]

ㅇ 사랑 愛
[-ng]

✏️ 練習2　音声を聞いて聞こえた方に○を付けましょう。 CD10

① 옷　　　약
② 밥　　　밤
③ 산　　　사랑

✏️ 練習3　例のようにハングルを完成させましょう。

例　ㅅ + ㅏ + ㄴ → 산
① ㅂ + ㅏ + ㅂ → ☐
② ㅁ + ㅜ + ㄹ → ☐

✏ 練習4　音声を聞いて漢数字を発音しましょう。 CD11

! 칠と팔の치と파は、지と바よりも息を激しく出しながら発音するようにしましょう。詳しくは次の課で学びます。

4 パッチムと連音　CD12

パッチムの次に母音が来ると、パッチムが後続の ㅇ の部分に移動します。これを連音と言います。

例　[　]の中が実際の発音です。

한국어 韓国語　　약이 薬が
[한구거]　　　[야기]

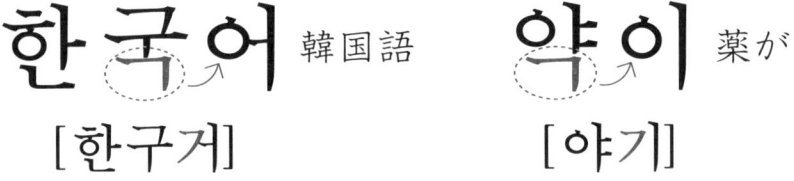

산이에요 山です
[사니에요]

パッチムの ㅅ、ㅈ、ㅎ は [ㄷ] で発音されますが、パッチムの次に母音が来ると 옷이 [오시] のように本来の音で発音されます。

✏️ 練習1　この課で習った言葉に、日本語の「〜が」に当たる이を付けたものを読みましょう。 CD13

① 산이 山が　② 옷이 服が

③ 물이 水が　④ 밥이 ごはんが

⑤ 밤이 夜が　⑥ 사랑이 愛が

✏️ 練習2　この課で習った言葉に、日本語の「〜です」に当たる이에요を付けたものを読みましょう。 CD14

① 약이에요 薬です

② 옷이에요 服です

③ 물이에요 水です

④ 밥이에요 ごはんです

⑤ 밤이에요 夜です

⑥ 사랑이에요 愛です

子音③ 激音・濃音

韓国語には平音・激音・濃音という3種類の子音があり、息の出し方が異なります。平音は基本子音のことです。

1 激音と濃音

激音ㅋ、ㅌ、ㅍ、ㅊは、平音のㄱ、ㄷ、ㅂ、ㅈを息を激しく出しながら発音します。濃音ㄲ、ㄸ、ㅃ、ㅆ、ㅉは、平音のㄱ、ㄷ、ㅂ、ㅅ、ㅈを、息を口の外に出さずに発音します。

1) 激音 CD 15

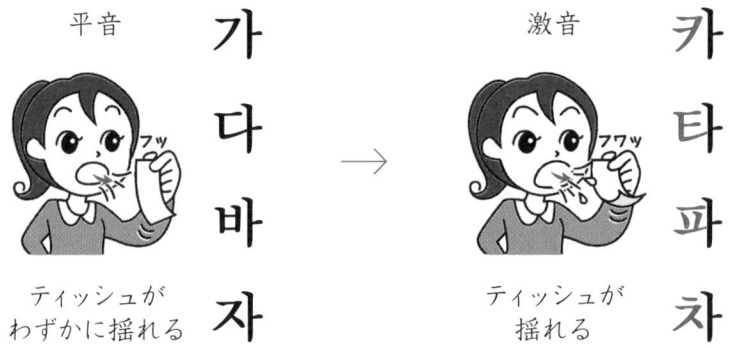

・発音の方法

平音は優しく「か〜」のように息を吐き出しながら後ろに来る母音を少し長めに発音しますが、激音は「カ!」のように息を勢いよく一気に吐き出して後ろに来る母音を短めに終わらせると発音できます。手のひらか、ティッシュを1枚口の前にかざし、口から息が勢いよく出ていることを確認しながら練習しましょう。

・激音の筆順

2) 濃音 CD16

・発音の方法

　サッカーの「ッカ」のように頭に小さな「ッ」を付けて「ッカ」「ッタ」「ッパ」「ッサ」「ッチャ」のように発音してみてください。手のひらか、ティッシュを1枚口の前に当てて、口から息が漏れていないことを確認しながら練習してみましょう。

2 平音・激音・濃音の特色の整理

	ハングル	息
平音	ㄱ ㄷ ㅂ ㅅ ㅈ	優しく出す。
激音	ㅋ ㅌ ㅍ ㅊ	勢いよく短めに出す。
濃音	ㄲ ㄸ ㅃ ㅆ ㅉ	口の外に漏れないようにする。

✏️ **練習1　発音しながら書きましょう。** 🎧CD17

❗ 激音と濃音は、平音とは違い、語中でも音は濁りません。

第5課 母音② 複合母音

二つの母音が組み合わさったものを複合母音といいます。
今では発音をあまり区別しなくなった複合母音もあります。

1 複合母音 CD18

発音しながら書きましょう。

		発音	筆順	練習
1	애	口を大きく開けて「エ」		
2	얘	口を大きく開けて「イェ」		
3	에	日本語の「エ」と同じ		
4	예	日本語の「イェ」と同じ		
5	와	唇をしっかり突き出して「ワ」		
6	왜	唇をしっかり突き出して「ウェ」		
7	외	唇をしっかり突き出して「ウェ」		
8	워	唇をしっかり突き出して「ウォ」		
9	웨	唇をしっかり突き出して「ウェ」		

10 위	唇をしっかり突き出して「ウィ」	위				
11 의	唇を横一文字のまま「ウイ」	의				

! もともとは一つひとつ違う音ですが、最近は厳密に区別しなくなった音もあります。

애、에　　→　どちらも「エ」
얘、예　　→　どちらも「イェ」
왜、외、웨　→　三つとも唇を突き出して「ウェ」

✏ 練習1　発音しながら書きましょう。　CD 19

① ㅐ 노래　歌

② ㅒ 얘기　話

③ ㅔ 네　はい

④ ㅖ 시계　時計

⑤ ㅘ 사과　リンゴ

⑥ ㅙ 왜요?　なぜですか？

ㅚ 회사 会社

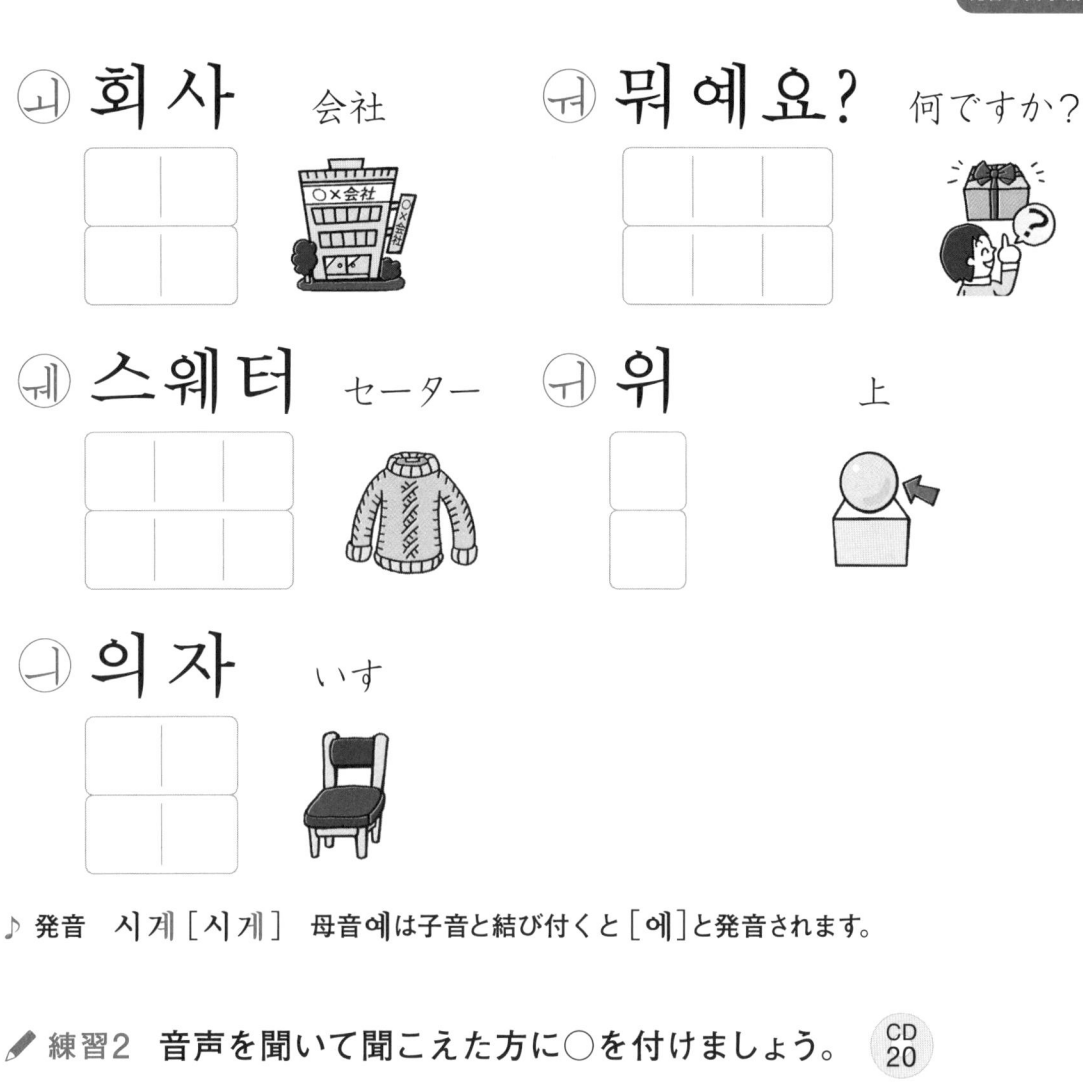

ㅝ 뭐예요? 何ですか？

ㅞ 스웨터 セーター

ㅟ 위 上

ㅢ 의자 いす

♪ 発音　시계［시게］　母音예は子音と結び付くと［에］と発音されます。

✏ 練習2　音声を聞いて聞こえた方に○を付けましょう。　CD 20

① 왜요?　　뭐예요?
② 회사　　　의자
③ 사과　　　시계
④ 애기　　　노래

第6課 日本語のハングル表記
発音と文字編

日本語の名前や地名などを書くときのハングル表記法です。
名前や地名を書いてみましょう。

1 日本語のハングル表記

	語頭(語中)	注意
あいうえお	아 이 우 에 오	「え」は 애 ではない
かきくけこ	가 기 구 게 고 (카 키 쿠 케 코)	
がぎぐげご	가 기 구 게 고	
さしすせそ	사 시 스 세 소	「す」は 수 ではない
ざじずぜぞ	자 지 즈 제 조	「ず」は 주 ではない
たちつてと	다 지 쓰 데 도 (타 치 쓰 테 토)	「ち」は 디 ではない 「つ」は 쑤、두、투 ではない
だぢづでど	다 지 즈 데 도	「づ」は 주、두 ではない
なにぬねの	나 니 누 네 노	
はひふへほ	하 히 후 헤 호	
ばびぶべぼ	바 비 부 베 보	

ぱぴぷぺぽ	파 피 푸 페 포	
まみむめも	마 미 무 메 모	
や ゆ よ	야 유 요	「きゃ、きゅ、きょ」は 갸、규、교 「しゃ、しゅ、しょ」は 샤、슈、쇼 と書く。
らりるれろ	라 리 루 레 로	
わ を ん	와 오 ㄴ	

2 日本語の名前や地名などをハングルで書くときのポイント

1) **語中にある「か行」「た行」は激音で表記します。**

中田 祥子（なかた さちこ） → 나카타 사치코

2) **「う」や「お」などの長音は表記しません。**

大野 京子（おおの きょうこ） → 오노 교코

3) **「つ」は濃音の「쯔」、「す」は「스」、「ず」は「즈」で表記します。**

鈴木 剛史（すずき つよし） → 스즈키 쓰요시

4) **小さな「っ」はパッチムの「ㅅ」、「ん」は「ㄴ」で表記します。**

北海道 → 홋카이도

服部 健介（はっとり けんすけ） → 핫토리 겐스케

✏️ **練習1** 次の言葉はすべて日本人の姓名や日本の地名です。読んで平仮名で書きましょう。

① 나가타　（　　　　）　② 나카타（　　　　　）

③ 오가타　（　　　　）　④ 오카다（　　　　　）

⑤ 와타나베（　　　　）　⑥ 아베　（　　　　　）

⑦ 사토　　（　　　　）　⑧ 요시다（　　　　　）

⑨ 료코　　（　　　　）　⑩ 슌스케（　　　　　）

⑪ 도쿄　　（　　　　）　⑫ 군마　（　　　　　）

⑬ 다자이후（　　　　）　⑭ 돗토리（　　　　　）

✏️ **練習2** 自分の名前や友達の名前をハングルで書きましょう。

例　むしゃのこうじ　りゅうのすけ

무샤노코지　류노스케

_____

_____

準備編

ごく簡単な会話を楽しみながら、基礎的な韓国語の文の仕組みを学びます。

··· 準備編

● 準備編の内容

第1課	저는 이유미예요.	私はイ・ユミです。
第2課	이거 뭐예요?	これ、何ですか？
第3課	누구예요?	誰ですか？
第4課	우유 있어요?	牛乳ありますか？
第5課	맛있어요.	おいしいです。
第6課	뭐 해요?	何しますか？

● 準備編の使い方

「準備編」の内容は「発音と文字編」と並行して学ぶように作られています。「準備編」は「発音と文字編」の練習問題の役割も果たします。

❶ 音声

・ 音声を聞く前に絵を見て内容を想像してみましょう。それから音声を聞きます。どんな音が聞こえますか？ 聞こえた音を声に出してみましょう。

❷ 対話文

・ 何度か音声を聞いた後で、ハングルを見てみましょう。まだ習っていないハングルには振り仮名が振ってありますが、振り仮名に頼るといつまでも読めるようになりません。音を覚えてしまったら、できるだけ振り仮名は見ないようにしましょう。

・ 意味はなるべく、ハングルの文や絵を見て把握し、日本語訳はどうしても意味が分からないとこ

ろだけ見るようにします。日本語訳に頼らず、韓国語から直接意味を酌み取る習慣を付けてください。

- 音声の後について対話文が自然と口から出るようになるまで、何度も声に出してみましょう。

③ 会話練習

- ペアを組み文の一部をいろいろな言葉に変え、対話をします。十分に対話練習をした後には、それを書く練習もしてみましょう。

● 一人で勉強する人は

練習中に「ペアを組み」と指示のあるものがあります。そういう場合は相手がいることをイメージして声に出して練習してみましょう。イメージしたことを対話文に書いてみることも効果があります。

第1課 準備編

저는 이유미예요.
私はイ・ユミです。

🖉 絵を見ながら音声を聞きましょう。 CD21

🖉 音声の後について声に出しましょう。

A: <ruby>안녕하세요<rt>アンニョンハセヨ</rt></ruby>? こんにちは。

<ruby>저는 이유미예요<rt>チョヌン イユミエヨ</rt></ruby>. 私はイ・ユミです。

B: 네, 안녕하세요? はい、こんにちは。

저는 료예요. 私は亮です。

! 안녕하세요? は朝・昼・夜、いつでも使えるあいさつです。

✏️ ペアを組み、空欄に自分の名前を入れて、あいさつしましょう。

A: 안녕하세요?

　　저는 ＿＿＿＿＿＿＿＿＿＿＿＿ 예요.

B: 네, 안녕하세요?

　　저는 ＿＿＿＿＿＿＿＿＿＿＿＿ 예요.

第2課 準備編

이거 뭐예요?
これ、何ですか?

✎ 絵を見ながら音声を聞きましょう。 CD 22

✎ 音声の後について声に出しましょう。

A: 이거 뭐예요?
  （ムォエヨ）
  これ、何ですか?

B: 주스예요.
  ジュースです。

✏️ ペアを組み、下の言葉を使って会話をしましょう。 CD 23

A: 이거 뭐예요?　　これ何ですか?

B: ＿＿＿＿＿예요.　　＿＿＿＿＿です。

주스

오이

고기

우유

바나나

第3課 準備編 누구예요?
誰ですか?

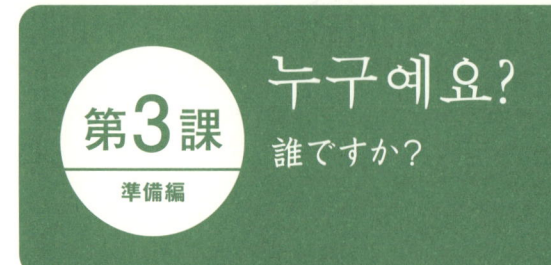

✏ 絵を見ながら音声を聞きましょう。 CD24

✏ 音声の後について声に出しましょう。

A: 누구예요? (エヨ) 　　誰ですか?

B: 우리 아버지예요. 　うちの父です。

! 우리は「私たち・私たちの」という意味ですが、家族や学校の名前の前に付けて「うち／私の〜」という親しみを込めた韓国独特の表現になります。

✏️ ペアを組み、下の言葉を使って会話をしましょう。 🔊CD25

A: 누구예요?　　　　誰ですか?

B: ＿＿＿＿＿예요.　　＿＿＿＿＿です。

우리 아버지　　　우리 어머니

친구(チング)　　　이미영 씨(ッシ)

우리 아이

❗ 語句　친구 友達　　~씨 ~さん

第4課 準備編

우유 있어요?
牛乳ありますか？

✏️ 絵を見ながら音声を聞きましょう。 CD 26

✏️ 音声の後について声に出しましょう。

A: 우유 있어요? 牛乳ありますか？

B: 네, 있어요. はい、あります。

✏️ ペアを組み、下の言葉を使って会話をしましょう。　CD27

A: _____ 있어요?　　　　　　_____ ありますか？

B: 네, 있어요.　　　　　　　　　はい、あります。

커피

토마토 주스

물

밥

약

第5課 準備編

맛있어요.
おいしいです。

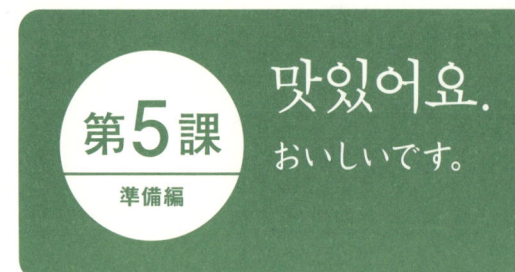

✎ 絵を見ながら音声を聞きましょう。 CD 28

✎ 音声の後について声に出しましょう。

A: **맛있어요.**　　おいしいです。

B: **감사합니다.**　ありがとうございます。

♪ 発音　감사합니다 ［감사함니다］

✏️ ペアを組み、下の言葉を使って会話をしましょう。一人は褒めて、一人はそれに答えます。 CD29

A: _____.

B: 감사합니다.　　　　　　ありがとうございます。

재미있어요 面白いです

좋아요 いいです 　　　　잘해요 上手です

♪ 発音　좋아요［조아요］　　잘해요［자래요］

第6課 準備編

뭐 해요?
何しますか？

✎ 絵を見ながら音声を聞きましょう。 CD 30

✎ 音声の後について声に出しましょう。

A: 뭐 해요?　　　何しますか？

B: 야구해요.　　　野球します。

✏️ ペアを組み、下の言葉を使って会話をしましょう。 　CD31

A: 뭐 해요?　　　　　　　　　何しますか？

B: _____.

공부해요 　勉強します

일해요 　仕事します

놀아요 　遊びます

티브이를 봐요 　テレビを見ます

♪ 発音　일해요 ［이래요］

本編

韓国語の基礎的な
「話す、聞く、書く、読む」力を
身に付けます。

本編

● 本編の内容

第1課	저는 김지은이에요.	私はキム・ヂウンです。
第2課	이거 과자예요?	これ、お菓子ですか？
第3課	식당이 어디에 있어요?	食堂はどこにありますか？
第4課	가족이 몇 사람이에요?	家族は何人ですか？
第5課	어디에 가요?	どこに行きますか？
第6課	언제 해요?	いつしますか？
第7課	몇 시에 시작해요?	何時に始まりますか？
第8課	요즘 어떻게 지내요?	このごろどう過ごしていますか？
第9課	도서관에서 공부했어요.	図書館で勉強しました。
第10課	처음 뵙겠습니다.	はじめまして。
第11課	오늘 날씨가 어때요?	今日、天気はどうですか？

● 課の構成

一つの課は五つの要素から成り立っています。

❶ 新しい課に入る前に
　▼
❷ 対話文
　▼
❸ 文型／練習 ▶ ❹ 課題 ▶ ❺ 課のまとめ

● 本編の使い方

❶ 新しい課に入る前に

- 新しい課で学ぶ会話や読み書きに必要な語句に触れます。語句に触れながら「新しい課では何を学ぶのだろう」と想像してみてください。
- ここにある語句はこの後繰り返し出てきます。前の授業で前もってやっておくと、語句でつまずくことなく文型・練習問題・課題に集中できます。

❷ 対話文

- 各課には「課が終わったときにこのような会話ができるようになっている」という目標がありますが、この対話文は目指す会話の典型的な形と、その会話が行われる状況や場面を示したものです。
- まずは何も見ずに音声に集中して聞きます。次にイラストを見ながら聞き、文字はその後に見るようにしましょう。日本語訳は「課のまとめ」にありますが、すぐには見ずに、聞いて分からない部分が何を表すのか、すでに学習した言葉やイラストから推測しましょう。
- その課の学習が終わったら、最後にもう一度音声を聞きます。初めは聞き取れない部分の多かった対話文が、頭の中で日本語に訳さなくても、すっと耳に入ってくるはずです。
- 対話文を見ないで滑らかに言えるようにしましょう。会話ができるようになったら、本文の対話文を正確に書くことも目標にしましょう。
- 自然な会話にはつきもののあいさつや、常とう句、相づち表現などが含まれています。これらの部分は文法を意識せず、丸ごと覚えてください。

❸ **文型と練習**

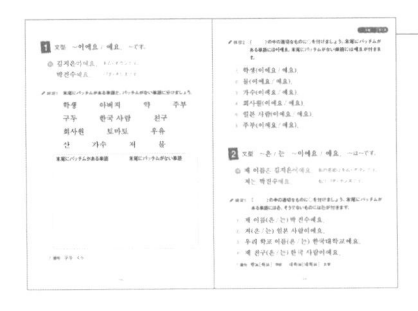

- 文型は日本語訳をすぐ見ないで、例文から韓国語のルールを見つけてみましょう。
- 練習は学んだ文型をしっかり理解し、その文型を使って自分で文を作り出せるようにすることが目的です。
- 練習の後は、新しい文型を使って五つ以上短い作文を書きましょう。

❹ **課題**

- 実際の場面で韓国語が使えるようにするためのものです。
- 文型を理解し、練習問題が解けるようになっただけでは、実際に韓国語で会話をしたり、自由に読み書きすることはできません。実際に近い場面設定の中でインタビューやロールプレイ、絵の完成など、さまざまな方法の課題が用意されていますので、積極的に取り組んでください。

❺ **課のまとめ**

- 新出語句、対話文の日本語訳から成ります。初めから見る癖をつけずに、その課を勉強し終わってから知識を確認するために使ってください。

❻ **韓国語で遊ぼう**

- 学習の空き時間などに、今まで学んだ韓国語を使って遊んでみましょう。

● 発音変化と文法説明について

❶ 発音変化について

- 韓国語の発音には、文字をそのまま読んだのでは正しく発音できない「発音変化」が起こるものがあります。これらは「♪発音」で取り上げ、正しい発音を[　]の中に示しました。初めのうちは「どうしてこうなるのか?」は気にせず「こう発音するんだな」と受け入れてください。
- 巻末に「発音変化のルール」を載せました。しかし学習中にその都度ルールを確認する必要はありません。習うより慣れろです。そして、本書の学習が終わるころに見てください。そのころにはすでに多くの発音変化の例に接しているので、説明を読めば、知識を整理できるでしょう。

❷ 文法説明について

- 本編には詳しい文法の説明がありません。その代わり例文を確認し、練習問題を解くことによって、自然にルールが見つかり、理解し、身に付けていけるようにできています。
- 巻末には「文型と文法の整理」を載せました。文法知識などを確認したくなったときに見てください。各課の学習が終わってから、その課の理解をさらに深めたいときに見るものなので、少し先で学ぶことにも触れています。知識を深めるためにも、大いに活用してください。

● 一人で勉強する人は

- 練習や課題の中には、「ペアを組んで」「隣の人と」などの指示のあるものがあります。そういう場合は相手がいることをイメージして声に出して練習してみましょう。イメージしたことを対話文に書いてみるのも効果があります。

··· 新しい課に入る前に

✏️ ふさわしい韓国語の語句を下から選び（　　）の中に書きましょう。　CD 32

① (　　　　)　② (　　　　)　③ (　　　　)

④ (　　　　)　⑤ (　　　　)

⑥ (　　　　)　⑦ (　　　　)

학생 学生　선생님 先生

회사원 会社員　주부 主婦　가수 歌手

한국 사람 韓国人　일본 사람 日本人

第1課 本編

저는 김지은이에요.
私はキム・ヂウンです。
…自己紹介をする。

김지은 : 안녕하세요?

후지이 료 : 네, 안녕하세요?

김지은 : 제 이름은 김지은이에요.

반갑습니다.

후지이 료 : 네, 반갑습니다.

저는 후지이 료예요.

1 文型　~이에요 / 예요.　~です。

例　김지은이에요.　キム・ヂウンです。
　　박진수예요.　　パク・チンスです。

練習1　末尾にパッチムがある単語と、パッチムがない単語に分けましょう。

학생　　아버지　　약　　주부
구두　　한국 사람　　친구
회사원　　토마토　　우유
산　　가수　　저　　물

末尾にパッチムがある単語	末尾にパッチムがない単語

! 語句　구두　靴

✏︎ 練習2　(　　　)の中の適切なものに○を付けましょう。末尾にパッチムがある単語には이에요、末尾にパッチムがない単語には예요が付きます。

① 학생(이에요 / 예요).
② 물(이에요 / 예요).
③ 가수(이에요 / 예요).
④ 회사원(이에요 / 예요).
⑤ 일본 사람(이에요 / 예요).
⑥ 주부(이에요 / 예요).

2　文型　~은 / 는　~이에요 / 예요.　~は~です。

例　제 이름은 김지은이에요.　　私の名前はキム・ヂウンです。
　　저는 박진수예요.　　　　　　私はパク・チンスです。

✏︎ 練習1　(　　　)の中の適切なものに○を付けましょう。末尾にパッチムがある単語には은、末尾にパッチムがない単語には는が付きます。

① 제 이름(은 / 는) 박진수예요.
② 저(은 / 는) 일본 사람이에요.
③ 우리 학교 이름(은 / 는) 한국대학교예요.
④ 제 친구(은 / 는) 한국 사람이에요.

❕語句　학교[학꾜]　学校　　대학교　大学

課題

課題1 AとB、どちらが絵の内容と合っているでしょうか？ 音声を聞いて（　　）の中にAかBを書きましょう。 CD34

① （　　）　② （　　）　③ （　　）

課題2 空欄にそれぞれ自分の名前を入れて、隣の人とあいさつをしましょう。（　　）の中は適切なものに○を付けましょう。

A: 안녕하세요?

B: 네, 안녕하세요?

A: 제 이름은 ＿＿＿＿＿＿＿＿＿(이에요/예요).
반갑습니다.

B: 네, 반갑습니다.
저는 ＿＿＿＿＿＿＿＿＿(이에요/예요).

課題3 自己紹介をしましょう。

① まずは次の自己紹介文を読みましょう。 CD35

안녕하세요?
반갑습니다.
제 이름은 김지은이에요.
저는 한국 사람이에요.
저는 대학생이에요.
잘 부탁합니다.
감사합니다.

! 語句　대학생[대학쌩]　大学生
　　　　잘 부탁합니다[부타캄니다]　どうぞよろしくお願いします

② ①の文のように自己紹介文を書きましょう。

안녕하세요?

_____

_____

_____

_____

감사합니다.

③ ②で書いた文で、自己紹介をしましょう。

・・・第1課のまとめ

● 対話文日本語訳

キム・ヂウン ： こんにちは。
藤井亮 ： はい、こんにちは。
キム・ヂウン ： 私の名前はキム・ヂウンです。(会えて)うれしいです。
藤井亮 ： はい、(会えて)うれしいです。私は藤井亮です。

● 新出語句

【対話文】

제 私の　　이름 名前　　~은/는 ~は　　~이에요/예요 ~です
반갑습니다 (会えて)うれしいです　　저 私

【その他】

학생 学生　　　선생님 先生　　　회사원 会社員
주부 主婦　　　한국 사람 韓国人　　일본 사람 日本人
구두 靴　　　　학교 学校　　　　대학교 大学
대학생 大学生　잘 부탁합니다 どうぞよろしくお願いします

韓国語で遊ぼう

✏ 囲みの中の単語を種類別に整理しましょう。

人に関する言葉	食べ物や飲み物に関する言葉

바나나　아이　선생님　오이　우유　주부
일본 사람　고기　여자　딸　가수
물　밥　커피　토마토　어머니　포도
회사원　빵　아버지　한국 사람
주스　학생　친구　대학생

··· 新しい課に入る前に

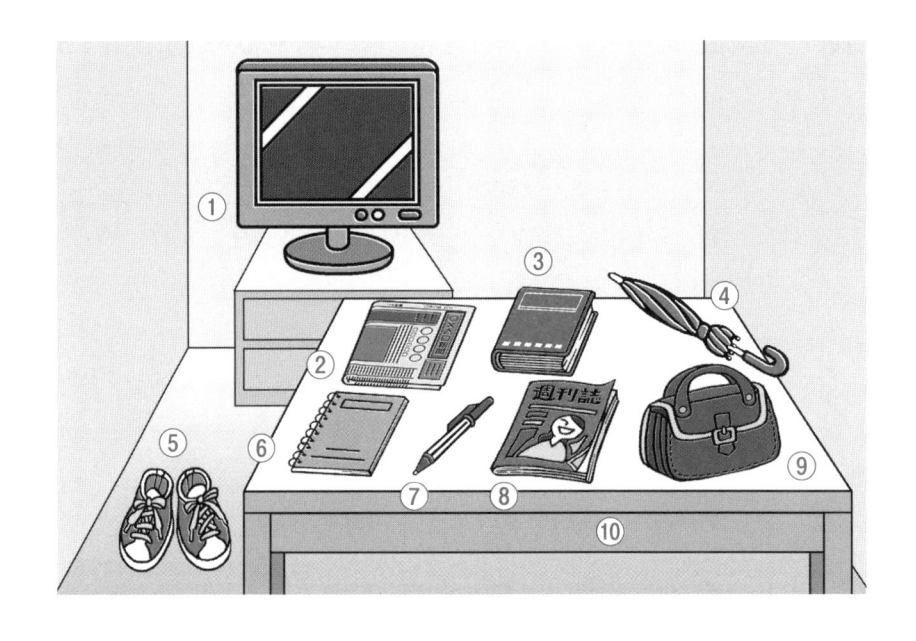

✏ ふさわしい韓国語の語句を下から選び（　　）の中に書きましょう。　CD 36

① (　　　　　　)　② (　　　　　　)　③ (　　　　　　)

④ (　　　　　　)　⑤ (　　　　　　)　⑥ (　　　　　　)

⑦ (　　　　　　)　⑧ (　　　　　　)　⑨ (　　　　　　)

⑩ (　　　　　　)

티브이 テレビ　책상 机　구두 靴

가방 かばん　책 本　신문 新聞

잡지 雑誌　노트 ノート　볼펜 ボールペン　우산 雨傘

第2課 本編

이거 과자예요?
これ、お菓子ですか?
…物の名前を尋ねる。

사사키 아야: 박진수 씨, 이거 받으세요.

박진수: 이거 뭐예요? 과자예요?

사사키 아야: 아니요, 과자가 아니에요.
책이에요.

박진수: 아, 그래요? 고맙습니다.

1 指示語の体系

日本語の「これ・それ・あれ」「この〜・その〜・あの〜」のような指示語が韓国語にもあります。

これ	それ	あれ
이거	그거	저거
この〜	その〜	あの〜
이 〜	그 〜	저 〜

例 이거 주세요. これ、ください。

　　이 사과 주세요. このリンゴ、ください。

✏ 練習1　下の絵から好きなものを選んで、空欄に単語を書きましょう。

① 이 _____　　그 _____　　저 _____

② 이 _____　　그 _____　　저 _____

2 文型 이거/그거/저거 뭐예요?
これ／それ／あれ、何ですか？

例
A: 이거 뭐예요?   これ、何ですか？
B: 티브이에요.   テレビです。

A: 그거 뭐예요?   それ、何ですか？
B: 과일이에요.   果物です。

A: 저거 뭐예요?   あれ、何ですか？
B: 수박이에요.   スイカです。

✎ 練習1　絵に描かれている物の位置を考えて文を完成させましょう。
（　　　）の中は適切なものに○を付けましょう。

① A: 이거 뭐예요?
B: ＿＿＿＿＿＿＿(이에요 / 예요).

② A: 그거 뭐예요?
B: ＿＿＿＿＿＿＿(이에요 / 예요).

③ A: 저거 뭐예요?
B: ＿＿＿＿＿＿＿(이에요 / 예요).

3 文型 ~이/가 아니에요. ~ではありません。

例 과일이 아니에요. 果物ではありません。
　　과자가 아니에요. お菓子ではありません。

✏️ 練習1 (　　)の中の適切なものに○を付けましょう。末尾にパッチムがある単語には이 아니에요、パッチムがない単語には가 아니에요が付きます。

① 신문(이 / 가) 아니에요.
② 잡지(이 / 가) 아니에요.
③ 커피(이 / 가) 아니에요.
④ 책(이 / 가) 아니에요.

✏️ 練習2 絵に合うように対話文を完成させましょう。

例 A: 이거 과자예요?
　　B: 아니요, 과자가 아니에요.

① A: 이거 주스예요?
　　B: 아니요, 주스_____.

② A: 그거 신문이에요?
　　B: 아니요, 신문_____.

③ A: 저거 책이에요?

　　B: _____, _____.

④ A: 이거 의자예요?

　　B: _____, _____.

課題

📝 **課題1** A〜Dの音声を聞いて、その内容に合う絵の（　　　）の中にアルファベットを書きましょう。アルファベットが入らない絵には×を書きましょう。 CD 38

① 　　　　　　② 　　　　　　③

（　　　　）　　（　　　　）　　（　　　　）

④ 　　　　　　⑤ 　　　　　　⑥

（　　　　）　　（　　　　）　　（　　　　）

📋 課題2　何について説明しているでしょうか？　適当な絵を○で囲みましょう。

① 책이 아니에요. 신문이 아니에요. 이거 뭐예요?

② 시계가 아니에요. 옷이 아니에요. 이거 뭐예요?

③ 포도가 아니에요. 사과가 아니에요. 이거 뭐예요?

④ 커피가 아니에요. 차가 아니에요. 이거 뭐예요?

⑤ 과일이 아니에요. 과자가 아니에요. 이거 뭐예요?

❗ 語句　차　お茶

📝 課題3 「(これ／それ／あれ) 韓国語で何と言いますか?」を韓国語では
(이거／그거／저거) 한국어로 뭐예요?
と言います。例を参考にして話してみましょう。

例 A: 이거 한국어로 뭐예요?
B: 책이에요.

A: (이거 / 그거 / 저거) 한국어로 뭐예요?
B: _____ (이에요 / 예요).

・・・ 第2課のまとめ

● 対話文日本語訳

佐々木彩　　：パク・チンスさん、これ受け取ってください。
パク・チンス：これ、何ですか？ お菓子ですか？
佐々木彩　　：いいえ、お菓子ではありません。本です。
パク・チンス：ああ、そうですか。ありがとうございます。

● 新出語句

【対話文】

씨 ～さん	이거 これ	받으세요 受け取ってください
과자 お菓子	아니요 いいえ	～이/가 아니에요 ～ではありません
아 ああ	그래요? そうですか	
고맙습니다 ありがとうございます		

! ～씨　～さん
相手が韓国人の場合、苗字のすぐ後ろに付けて「김 씨！」と呼んだり、目上の人を呼ぶときに使ったりするのは失礼とされます。

【その他】

책상 机	가방 かばん	책 本	신문 新聞
잡지 雑誌	노트 ノート	볼펜 ボールペン	우산 雨傘
그거 それ	저거 あれ	이 この	그 その
저 あの	주세요 ください	과일 果物	수박 スイカ
한국어로 韓国語で			

韓国語で遊ぼう

✏ 囲みの中の単語を種類別に整理しましょう。

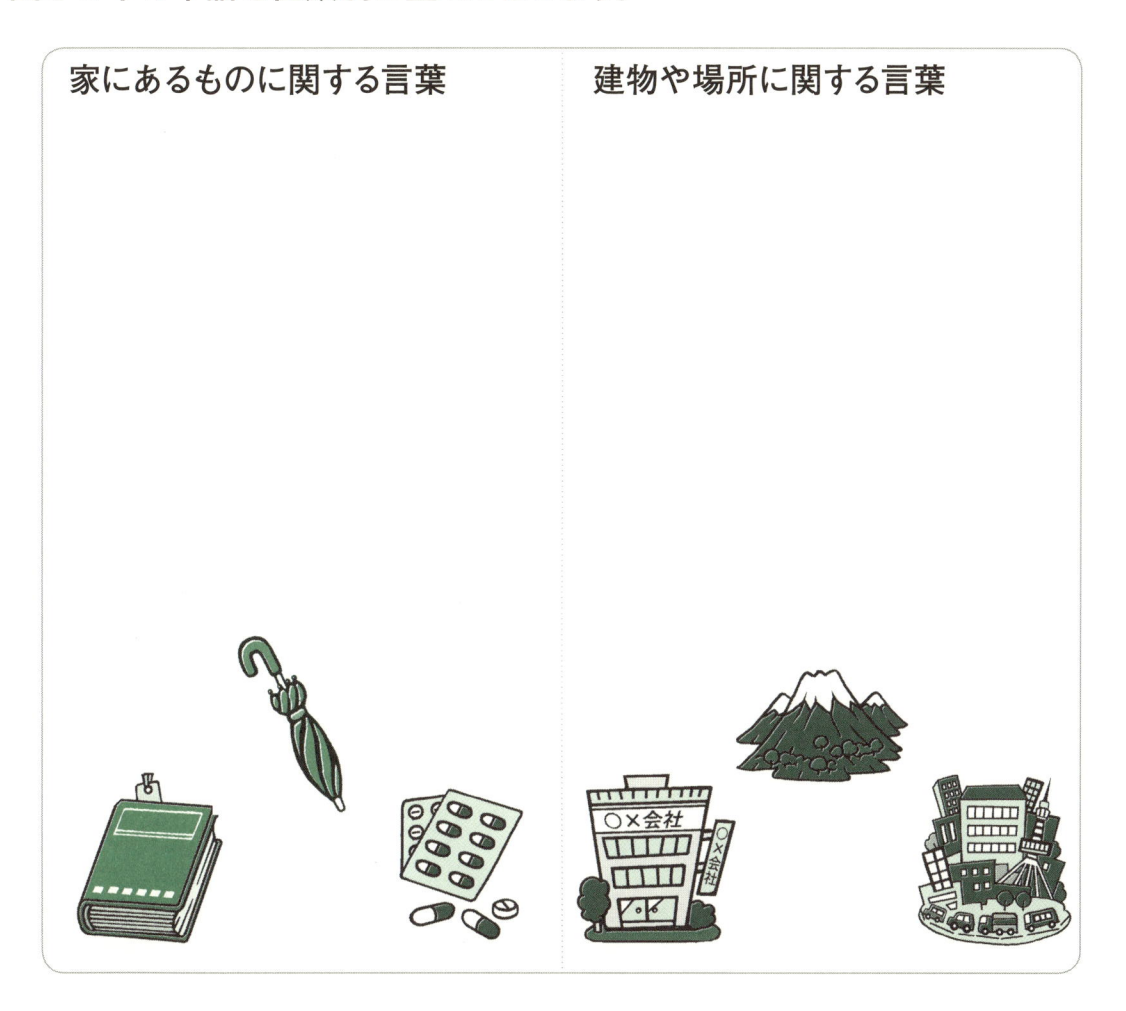

家にあるものに関する言葉	建物や場所に関する言葉

잡지　우산　노트　옷　산　책　차
시계　도쿄　회사　의자　티브이
볼펜　약　한국　구두　책상　가방
신문　학교　도시　스웨터　일본

! 語句　일본　日本

・・・ 新しい課に入る前に 🎧39

✎ 1 下の漢数字を参考にして、韓国語と日本語で共通する数字の入った四字熟語を完成させましょう。

일 一　이 二　삼 三　사 四　오 五
육 六　칠 七　팔 八　구 九　십 十

① | | 석 | 조 | |
一 石 二 鳥

② | | 전 | 기 | |
七 転 八 起

③ | | 한 | 온 | |
三 寒 四 温

④ | | 중 | 구 | |
十 中 八 九

✎ 2 ふさわしい韓国語の語句を下から選び（　　　）の中に書きましょう。

① (　　　)　② (　　　)　③ (　　　)　④ (　　　)

⑤ (　　　)　⑥ (　　　)

> 위 上　아래 下　옆 横　앞 前　뒤 後ろ　안 中

♪ 発音　옆［엽］　　앞［압］

第3課 식당이 어디에 있어요?

食堂はどこにありますか?
…位置や場所を説明する。

후지이 료 : 저, 식당이 어디에 있어요?
안내 : 식당은 오 층에 있어요.
후지이 료 : 커피숍도 오 층에 있어요?
안내 : 아니요, 오 층에는 없어요.
　　　　사 층 계단 옆에 있어요.
후지이 료 : 고맙습니다.

♪ 発音　없어요 [업써요]　　옆에 [여페]

1 文型 ～(이/가) 있어요. ～(が)あります・います。
　　　　　～(이/가) 없어요. ～(が)ありません・いません。

例 A: 커피가 있어요?　コーヒーがありますか？
　　B: 네, 있어요.　はい、あります。

　　A: 학생이 있어요?　学生がいますか？
　　B: 아니요, 없어요.　いいえ、いません。

練習1 (　　)の中の適切なものに○を付けましょう。末尾にパッチムがある単語には이、末尾にパッチムがない単語には가が付きます。

① 가수(이 / 가) 있어요.
② 책(이 / 가) 없어요.
③ 잡지(이 / 가) 없어요.
④ 볼펜(이 / 가) 있어요.

練習2 絵を見て文を完成させましょう。

① A: 물이 있어요?
　 B: 네, ＿＿＿＿＿＿＿＿.

② A: 학생이 있어요?
　 B: 아니요, ＿＿＿＿＿＿＿＿.

③ A: 고기 _____?

B: _____, _____.

2 文型 ～(이 / 가) 어디에 있어요?
～(は) どこにありますか？・いますか？

例 A: 기무라 씨가 어디에 있어요?　木村さんはどこにいますか？

B: 집에 있어요.　家にいます。

A: 신문이 어디에 있어요?　新聞はどこにありますか？

B: 책상 위에 있어요.　机の上にあります。

✎ 練習1　絵を見て文を完成させましょう。

参考：집, 커피숍, 식당

① A: 학생이 어디에 있어요?

B: _____ 에 있어요.

② A: 회사원이 어디에 있어요?

　　B: _____.

③ A: 아이가 어디에 있어요?

　　B: _____.

位置を表す言葉 CD41

| 위에 上に | 아래에 下に | 옆에 横に |
| 앞에 前に | 뒤에 後ろに | 안에 中に |

✏ 練習2　絵を見て文を完成させましょう。

例　A: 회사가 어디에 있어요?
　　B: 커피숍 위에 있어요.

① A: 집이 어디에 있어요?
　　B: 식당 _____ 있어요.

② A: 학교가 어디에 있어요?
B: 식당 _____ 있어요.

③ A: 책이 어디에 있어요?
B: 가방 _____ 있어요.

④ A: 우산이 _____?
B: 책상 _____ 있어요.

⑤ A: 신문이 _____?
B: _____.

3 文型 〜도 〜も

例 백화점에 식당이 있어요. 커피숍도 있어요.
デパートに食堂があります。コーヒーショップもあります。

기무라 씨도 이유미 씨도 학생이에요.
木村さんもイ・ユミさんも学生です。

✏︎ 練習1　☐の中から適切なものを選び（　）の中に書きましょう。一度も使わないものもあります。

① 학교에 도서관(　) 있어요. 식당(　) 있어요.
② 저(　) 친구(　) 학생이에요.
③ 저(　) 회사에 있어요.
④ 가방에 바나나(　) 포도(　) 없어요.

| 은 | 는 | 이 | 가 | 도 |

❗ 語句　도서관　図書館

課題

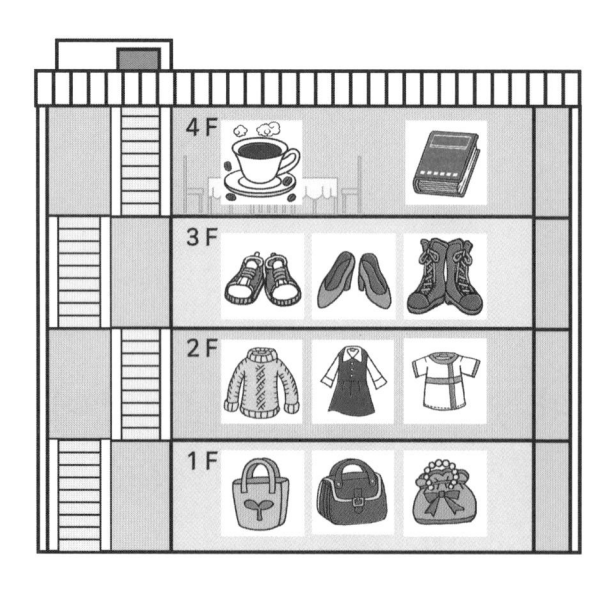

📄 課題1　音声を聞いてその内容と絵が合っていれば〇、間違っていれば×を書きましょう。　CD 42

① (　　)　② (　　)　③ (　　)　④ (　　)

課題2 ①〜④は何でしょうか？ 文を読んで（　）の中に適当な語句を書きましょう。

이미영 씨 집

① (　　　　　　　　)　② (　　　　　　　　)
③ (　　　　　　　　)　④ (　　　　　　　　)

우리 동네

저는 아파트에 살아요.
우리 아파트 일 층에 커피숍이 있어요.
아파트 앞에는 공원이 있어요.
공원 안에는 벤치가 있어요. 나무도 있어요.
아파트 뒤에는 학교가 있어요.
이미영 씨 집은 식당 옆에 있어요.
식당 옆에는 아버지 회사가 있어요.
저는 우리 동네가 좋아요.

! 語句　동네　町　아파트　マンション　살아요　住んでいます　공원　公園
　　　　벤치　ベンチ　나무　木

課題3 ペアを組んで会話しましょう。AさんはAの絵を、BさんはBの絵を見てください。(Bの絵はP.160にあります)

① Aさんが探し物をしています。Bさんはその探し物の場所を知っています。例の対話文を参考にし、AさんはBさんに探し物の場所を尋ねて、絵の中に探し物の絵を描き込みましょう。

例 A: _____씨, _____ (이 / 가) 어디에 있어요?

　　B: _____ 있어요.

② Bさんも探し物をしています。Aさんに聞いて、絵の中に探し物の絵を描き込みましょう。

Aさんの探し物（リンゴ、時計、かばん）

・・・ 第3課のまとめ

● 対話文日本語訳

藤井 亮 ： あのう、食堂はどこにありますか？
案内　 ： 食堂は5階にあります。
藤井 亮 ： コーヒーショップも5階にありますか？
案内　 ： いいえ、5階にはありません。4階の階段の横にあります。
藤井 亮 ： ありがとうございます。

● 新出語句

【対話文】

저 あのう　　식당 食堂　　～이/가 ～が　　어디 どこ
～에 ～に　　있어요 あります・います　　안내 案内　　층 階
커피숍 コーヒーショップ　　～도 ～も
없어요 ありません・いません　　계단 階段

【その他】

일석이조 一石二鳥	칠전팔기 七転八起	삼한사온 三寒四温
십중팔구 十中八九	아래 下	옆 横
앞 前　뒤 後ろ	안 中	집 家
백화점 デパート	도서관 図書館	동네 町
아파트 マンション	살아요 住んでいます	공원 公園
벤치 ベンチ	나무 木	

新しい課に入る前に

✏️ ふさわしい韓国語の語句を下から選び（　　）の中に書きましょう。　CD 43

① (　　　　)
② (　　　　)
③ (　　　　)
④ (　　　　)
⑤ (　　　　)
⑥ (　　　　)
⑦ (　　　　)
⑧ (　　　　)
⑨ (　　　　)
⑩ (　　　　)

할아버지 おじいさん　　할머니 おばあさん　　아버지 父

어머니 母　　누나 (弟から見た)お姉さん

언니 (妹から見た)お姉さん　　형 (弟から見た)お兄さん

오빠 (妹から見た)お兄さん　　남동생 弟　　여동생 妹

第4課 가족이 몇 사람이에요?
本編
家族は何人ですか？
…家族の紹介をする。

박진수 : 사사키 씨, 가족이 몇 사람이에요?

사사키 아야 : 네 사람이에요.

박진수 : 누가 계세요?

사사키 아야 : 아버지, 어머니, 저, 그리고 남동생이 있어요.

박진수 : 아, 그래요?

♪ 発音　몇 [면]

1 固有数詞 CD 45

1	2	3	4	5
하나*	둘*	셋* [셋]	넷*	다섯
6	7	8	9	10
여섯	일곱	여덟 [여덜]	아홉	열
11	12	13	14	15
열하나* [여라나]	열둘* [열뚤]	열셋*	열넷* [열렌]	열다섯

*のあるものは、単位などが後続する場合に形が変わります。

例) +사람 (人)

한 사람, 두 사람, 세 사람, 네 사람, 열한 사람, 열두 사람…

+개 (個)

한 개, 두 개, 세 개, 네 개, 열한 개, 열두 개…

2 文型 몇 사람이에요? 何人ですか?
   ～ 사람이에요. ～人です。

練習1　絵を見て、上の固有数詞の説明を参考にしながら答えましょう。

① A: 몇 사람이에요?
   B: ＿＿＿ 사람이에요.

② A: 몇 사람이에요?
   B: ＿＿＿ 사람이에요.

③

A: 몇 사람이에요?

B: _____ .

④

A: _____ ?

B: _____ .

3 家族の呼び方

✏ 練習1　ペアになる言葉同士を探し線で結びましょう。

① 할아버지　・　　　・ 딸
② 아버지　　・　　　・ 오빠/언니
③ 아들　　　・　　　・ 할머니
④ 형/누나　 ・　　　・ 어머니
⑤ 남동생　　・　　　・ 여동생

✎ 語句　아들 息子

4 文型　누가 있어요? / 계세요?
誰がいますか？／いらっしゃいますか？

例　A: 누가 있어요?　　　誰がいますか？

B: 여동생이 있어요.　妹がいます。

남동생도 있어요.　弟もいます。

A: 집에 누가 계세요? 　家に誰がいらっしゃいますか？
B: 할아버지가 계세요. 　おじいさんがいらっしゃいます。
　 할머니는 안 계세요. 　おばあさんはいらっしゃいません。

! 語句　안 계세요 いらっしゃいません

✎ 練習1　問題を読み、適当だと思うものに○を付けましょう。

① 할아버지가 (계세요 / 있어요).
② 아이가 (계세요 / 있어요).
③ 남동생이 (계세요 / 있어요).
④ 선생님이 (계세요 / 있어요).

✎ 練習2　音声を聞いて文を完成させましょう。　CD 46

① 우리 가족은 _____ 사람이에요.
② 우리 가족은 _____ 이에요.
③ _____ 은 아버지, 어머니, _____ 예요.
④ A: 가족이 _____ 이에요?
　 B: 우리 가족은 모두 _____ 이에요.
　　 아버지, 어머니, 오빠, _____,
　　 그리고 저예요.

! 語句　모두 全部で

課題

📝 **課題1** A〜Cの音声を聞いて、どの家族について話しているのか（　　）にアルファベットを書きましょう。 CD47

① (　) ② (　) ③ (　)

📝 **課題2** 次の文章を読んで質問に韓国語で答えましょう。

우리 가족

우리 가족은 모두 다섯 명이에요.
아버지, 어머니, 저, 남동생, 그리고 여동생도 있어요.
아버지는 회사원이에요. 어머니는 집에 계세요.
여동생도 남동생도 학생이에요.
우리 가족은 마음이 참 따뜻해요.
우리 집에 한번 놀러 오세요.

❗ 語句　명 ~名　마음 心　참 本当に　따뜻해요[따뜨태요] 温かいです
　　한번 一度　놀러 오세요 遊びに来てください

① 이 가족은 몇 사람이에요?

② 어머니는 회사원이에요?

_____

③ 할머니도 계세요?

_____

📝 **課題3** P.85の対話文を参考にして、周りの人に家族は何人か質問し、表に書き込みましょう。表は日本語で書き込んでも構いません。

友達の名前	家族の人数	家族構成
아야 씨	네 사람	아버지, 어머니, 여동생

📝 **課題4** 課題2の文章を参考にして、自分の家族について書きましょう。

_____
_____
_____
_____
_____
_____

第4課のまとめ

● 対話文日本語訳

パク・チンス ： 佐々木さん、家族は何人ですか?
佐々木彩 ： 4人です。
パク・チンス ： 誰がいらっしゃいますか?
佐々木彩 ： 父、母、私、そして弟がいます。
パク・チンス ： あ、そうですか。

● 新出語句

【対話文】

가족 家族　　몇 何~　　사람 人　　누가 誰が
계세요? いらっしゃいますか?　　그리고 そして

【その他】

할아버지 おじいさん・祖父　　할머니 おばあさん・祖母
누나 (弟から見た)お姉さん・姉　　언니 (妹から見た)お姉さん・姉
형 (弟から見た)お兄さん・兄　　오빠 (妹から見た)お兄さん・兄
남동생 弟　　여동생 妹　　하나 一つ　　둘 二つ　　셋 三つ
넷 四つ　　다섯 五つ　　여섯 六つ　　일곱 七つ　　여덟 八つ
아홉 九つ　　열 十　　열하나 十一　　열둘 十二　　열셋 十三
열넷 十四　　열다섯 十五　　개 ~個　　아들 息子
안 계세요 いらっしゃいません　　모두 全部で　　명 ~名
마음 心　　참 本当に　　따뜻해요 温かいです　　한번 一度
놀러 오세요 遊びに来てください

··· 新しい課に入る前に

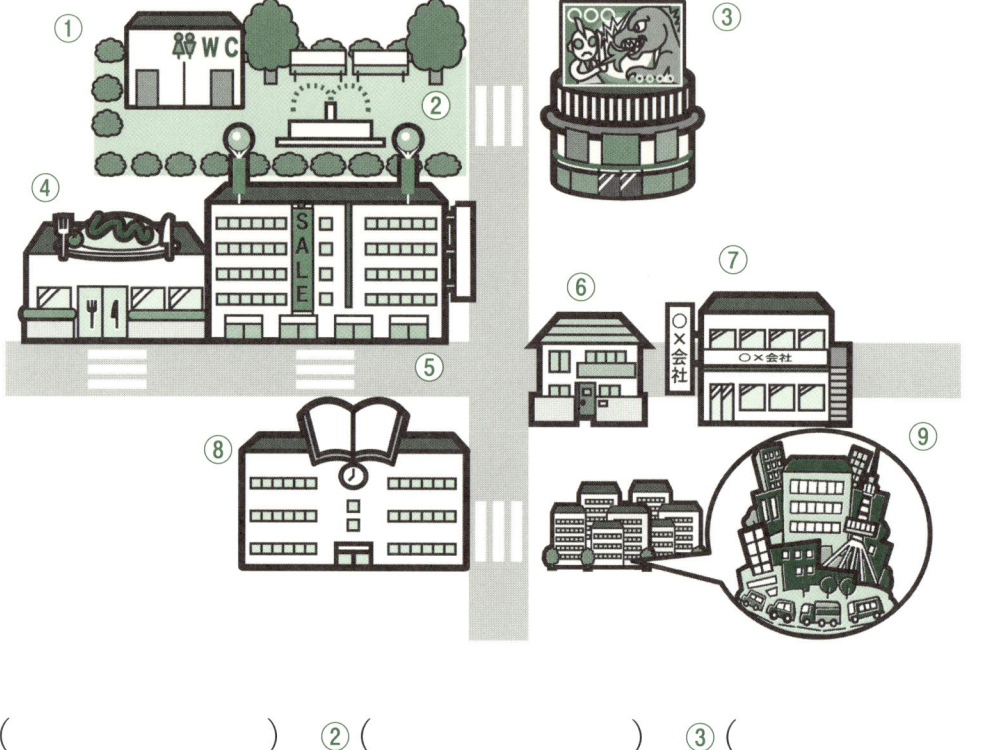

✏ ふさわしい韓国語の語句を下から選び（　　　）の中に書きましょう。 CD 48

① (　　　　　　)　② (　　　　　　)　③ (　　　　　　)

④ (　　　　　　)　⑤ (　　　　　　)　⑥ (　　　　　　)

⑦ (　　　　　　)　⑧ (　　　　　　)　⑨ (　　　　　　)

> 영화관 映画館　집 家　도서관 図書館
>
> 백화점 デパート　회사 会社　식당 食堂
>
> 공원 公園　시내 市内・中心街　화장실 トイレ

第5課 本編

어디에 가요?
どこに行きますか？
…道で知り合いとあいさつを交わす。

김지은 : 어디에 가요?

후지이 료 : 시내에 가요.

김지은 : 시내에서 뭐 해요?

후지이 료 : 친구하고 영화를 봐요.

김지은 : 그래요? 잘 다녀오세요.

후지이 료 : 네, 다녀오겠습니다.

1 文型 ~에 가요 / 와요. ~に行きます／来ます。

例 A: 어디에 가요? どこに行きますか？
　　B: 학교에 가요. 学校に行きます。

　　친구가 우리 집에 와요. 友達が私の家に来ます。

練習1　例のように文を完成させましょう。

例　어디에 가요?
　　백화점에 가요.

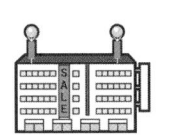

① A: 어디에 가요?
　 B: 영화관에 ＿＿＿＿＿.

② A: ＿＿＿＿＿＿＿＿＿ 가요?
　 B: ＿＿＿＿＿＿＿＿＿＿.

③ A: ＿＿＿＿＿＿＿＿＿ ?
　 B: ＿＿＿＿＿＿＿＿＿＿.

④ A: ＿＿＿＿＿＿＿＿＿ ?
　 B: ＿＿＿＿＿＿＿＿＿＿.

2 文型　～을 / 를　～(해) 요.　～を～(し)ます。

例　A: 뭐 해요?　　　何しますか?
　　B: 커피를 마셔요.　コーヒーを飲みます。

動作を表す表現　CD 50

① 학교에 가요
② 친구가 와요
③ 공부를 해요
④ 친구를 만나요
⑤ 영화를 봐요
⑥ 책을 읽어요
⑦ 밥을 먹어요
⑧ 커피를 마셔요
⑨ 옷을 사요

! 語句　공부 勉強　　만나요 会います　　읽어요 読みます　　먹어요 食べます
　　　　사요 買います

✏️ 練習1 (　　　)の中の適当なものに○を付けましょう。単語の末尾にパッチムがあるものには을、末尾にパッチムのないものには를が付きます。

① 영화(을 / 를) 봐요.
② 일(을 / 를) 해요.
③ 커피(을 / 를) 마셔요.
④ 책(을 / 를) 읽어요.

❗ 語句　일 仕事

✏️ 練習2　例のように絵を見ながら文を書きましょう。

例　친구를 만나요.

①　_____.
②　_____. 
③　_____. 
④　_____.

⑤ _____ .   ⑥ _____ .

⑦ _____ .   ⑧ _____ .

3 文型　～에서 ～(해)요.　（場所）で～（し）ます。

例 A: **어디**에서 운동해요?　どこで運動しますか？
　　B: **공원**에서 운동해요.　公園で運動します。

✎ 練習1　例のように文を完成させましょう。

例　학교 / 공부　→　학교에서 공부해요.

① 회사 / 일　→　회사에서 _____ .
② 도서관 / 책　→　_____ 책을 읽어요.
③ 집 / 티브이　→　_____ .
④ 식당 / 밥　→　_____ .
⑤ 백화점 / 옷　→　_____ .

練習2　例のように絵を見ながら対話をしましょう。

例
A: 어디에서 책을 읽어요?
B: 집에서 (책을) 읽어요.

① ② ③

課題

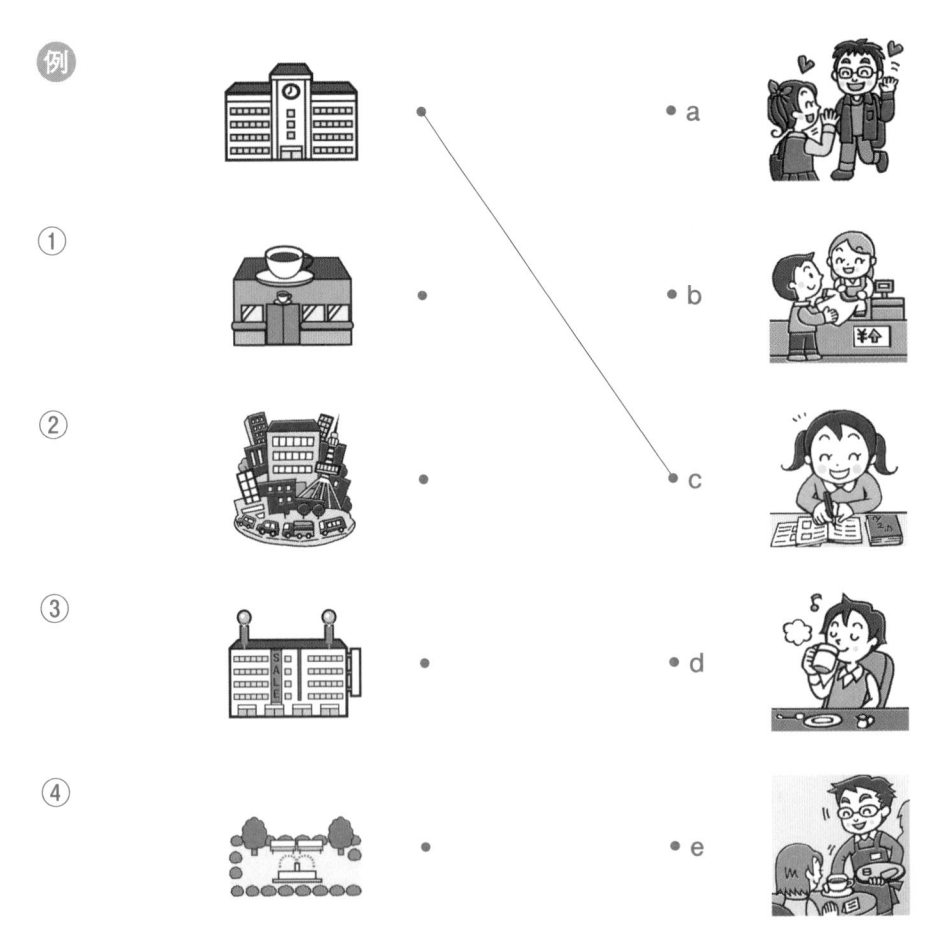

課題1　音声を聞いて、その内容と合う絵同士を線で結びましょう。 CD51

例
① ② ③ ④

a b c d e

! 語句　아르바이트해요 アルバイトします　　데이트해요 デートします

課題2　ペアを組み、P.99、100のカードを使って話をしましょう。

①まずAさんとBさんに分かれます。AさんはAのカードを、BさんはBのカード①を見てください。お互いのカードを見てはいけません。カードにそれぞれの役割が書いてあります。役割と状況を確認しましょう。

②それぞれのカードを見ながら、下の例のように会話をしましょう。

A: 야마다 씨, 안녕하세요?	B: 안녕하세요? 기무라 씨.
A: 어디에 가요?	B: 백화점에 가요.
A: 백화점에서 뭐 해요?	B: 옷을 사요.
A: 아, 그래요? 안녕히 가세요.	B: 안녕히 가세요.

✎ 語句　안녕히 가세요　（道などで会って別れるときに使う）さようなら

③Bさんのカード②、③も使って話をしましょう。Aさんの役割は同じです。

④会話が終わったらその会話を思い出して、ノートに対話文を書きましょう。

Aさんのカード　　道でBさんに会いました。
　　1. Bさんに声をかけます。
　　2. どこに行くか聞きます。
　　3. そこで何をするか聞きます。
　　4. 最後にあいさつをして別れましょう。

Ｂさんのカード①　　Ａさんに道で会いました。
　　　　　　　　　　あなたは今からデパートに行って服を買います。
　　　　　　　　　　最後にあいさつをして別れましょう。

Ｂさんのカード②　　Ａさんに道で会いました。
　　　　　　　　　　あなたは今から食堂に行ってアルバイトします。
　　　　　　　　　　最後にあいさつをして別れましょう。

Ｂさんのカード③　　Ａさんに道で会いました。
　　　　　　　　　　あなたは今から市内に行って友達に会います。
　　　　　　　　　　最後にあいさつをして別れましょう。

・・・ 第5課のまとめ

● 対話文日本語訳

キム・ヂウン ： どこに行きますか？
藤井亮 ： 市内に行きます。
キム・ヂウン ： 市内で何をしますか？
藤井亮 ： 友達と映画を見ます。
キム・ヂウン ： そうですか。行ってらっしゃい。
藤井亮 ： はい、行ってきます。

● 新出語句

【対話文】

가요 行きます　　～에서 ～で　　해요 します　　～하고 ～と
영화 映画　　～을 / 를 ～を (～に)
잘 다녀오세요 行ってらっしゃい　　다녀오겠습니다 行ってきます

【その他】

영화관 映画館　　시내 市内・中心街　　화장실 トイレ　　와요 来ます
마셔요 飲みます　　공부 勉強　　만나요 会います
읽어요 読みます　　먹어요 食べます　　사요 買います　　일 仕事
운동해요 運動します　　아르바이트해요 アルバイトします
데이트해요 デートします　　안녕히 가세요 さようなら

··· 新しい課に入る前に

✏ ふさわしい韓国語の語句を下から選び（　　　）の中に書きましょう。 CD 52

① （　　　　　　　）　② （　　　　　　　）

③ （　　　　　　　）　④ （　　　　　　　）

⑤ （　　　　　　　）　⑥ （　　　　　　　）

> 아침에 일어나요　스웨터를 입어요
> 수업이 시작해요　친구하고 놀아요
> 수업이 끝나요　밤에 자요

! 語句　아침 朝　　일어나요 起きます　　입어요 着ます　　수업 授業
　　　시작해요[시자캐요] 始まります　　끝나요[끈나요] 終わります
　　　밤 夜　　자요 寝ます

第6課 本編

언제 해요?
いつしますか？
…予定を尋ねて誘う。

후지이 료 : 김지은 씨는 매일 운동을 해요?
김지은 : 아니요, 매일은 안 해요.
후지이 료 : 그럼 언제 해요?
김지은 : 보통 주말에 해요.
후지이 료 : 그래요? 다음에 같이 해요.

♪ 発音　안 해요 [아내요]

1 文型　언제 ~(해)요?　いつ ~(し)ますか?

例
A: 언제 일본에 와요?　　いつ日本に来ますか?
B: 내일 오후에 와요.　　明日の午後に来ます。

A: 언제 친구를 만나요?　　いつ友達に会いますか?
B: 주말에 만나요.　　週末に会います。

! 助詞에
時間を表す言葉の後に付く 에は、오늘(今日)、내일(明日)の後には付きません。

時を表す表現 CD 54

월요일 月曜日	화요일 火曜日	수요일 水曜日
목요일 木曜日	금요일 金曜日	토요일 土曜日
일요일 日曜日	오늘 今日　내일 明日	오전 午前
오후 午後	아침 朝　저녁 夕方·夜	밤 夜
주말 週末	매일 毎日	

練習1　例のように文を完成させましょう。

例 옷 / 사요　　A: 언제 옷을 사요?
토요일　　　B: 토요일에 사요.

① 한국 / 가요　　　A: 언제 한국에 가요?
　일요일　　　　　B: _____.

② 친구 / 만나요　　A: 언제 친구를 만나요?
　오후　　　　　　B: _____.

③ 여동생 / 놀아요　A: _____ 여동생하고 _____?
　저녁　　　　　　B: _____.

④ 영화 / 시작해요　A: _____ 영화가 _____?
　내일　　　　　　B: _____.

⑤ 영화 / 끝나요　　A: _____?
　금요일　　　　　B: _____.

2　文型　안 ~(해)요.　~(し)ません。

例　A: 티브이를 봐요?　　テレビを見ますか。
　　B: 아니요, 안 봐요.　いいえ、見ません。

　　A: 공부해요?　　　　勉強しますか。
　　B: 아니요, 안 해요.　いいえ、しません。

✏️ **練習1** 否定の形を書きましょう。その後で音声を聞きながら発音しましょう。 CD55

① 가요 → _____   ② 와요 → _____
③ 해요 → _____   ④ 봐요 → _____
⑤ 읽어요 → _____   ⑥ 먹어요 → _____
⑦ 마셔요 → _____

✏️ **練習2** 絵を見て問に答えましょう。

① A: 토요일에 학교에 가요? 안 가요?
   B: _____.

② A: 아침에 밥을 먹어요? 안 먹어요?
   B: _____.

③ A: 저녁에 티브이를 봐요? 안 봐요?
   B: _____.

④ A: 오늘 저녁에 친구하고 놀아요? 안 놀아요?
   B: _____.

✏️ 練習3　絵を見て対話をしましょう。

例　A: 백화점에서 옷을 사요?
　　B: 아니요, 안 사요.

①  ②  ③  ④

✏️ 練習4　音声を聞いて、その内容と合っているものに○、違うものに×を付けましょう。　CD 56

① 책을 읽어요.　□
② 옷을 사요.　□
③ 공부를 해요.　□
④ 시내에서 친구를 만나요.　□
⑤ 우리 집에서 커피를 안 마셔요.　□
⑥ 아이가 밥을 안 먹어요.　□

課題

📝 **課題1** 次の文を読んで自分に当てはまる方を○で囲みましょう。

① 주말에 학교에서 (공부해요 / 공부 안 해요).

② 오늘 시내에 (가요 / 안 가요).

③ 내일 점심을 학생식당에서 (먹어요 / 안 먹어요).

④ 일요일에 친구가 집에 (와요 / 안 와요).

⑤ 매일 티브이 뉴스를 (봐요 / 안 봐요).

⑥ 주말에 도서관에서 책을 (읽어요 / 안 읽어요).

⑦ 매일 기분이 (좋아요 / 안 좋아요).

! 語句　점심 昼ごはん　　학생식당 学生食堂　　뉴스 ニュース　　기분 気分

📝 **課題2** 音声を聞いて文章を完成させましょう。まず、文を見ずに一度聞き、その後で文にゆっくり目を通してください。その後でもう一度聞きましょう。 CD57

例　___明日___　友達が来ます。

①　_____　コーヒーとパンを一緒に食べます。

②　_____　映画を見ます。

③　_____　韓国語を _____ で勉強します。

④　今日の _____ に公園で運動します。

📋 **課題3** ペアを組みP.109、110のカードを使って話をしましょう。

①まずAさんとBさんに分かれます。AさんはAさんのカード①②を、BさんはBさんのカード①②を見てください。役割と状況を確認しましょう。

②それぞれのカードを見ながら、下の例のように会話をしましょう。

A: 매일 야구를 해요?	B: 아니요, 매일은 안 해요.
A: 그럼 언제 해요?	B: 보통 일요일에 해요.
A: 그래요? 다음에 같이 해요.	B: 네, 좋아요.

! 語句　야구　野球

Aさんのカード①　1.Bさんに毎日韓国語の勉強をするか聞きます。
　　　　　　　　　2.もし毎日でなければ、いつするのか聞きます。
　　　　　　　　　3.一緒に勉強しようと誘ってください。

Aさんのカード②　1.Bさんに週末に映画を見るか聞きます。
　　　　　　　　　2.もし週末でなければ、いつ見るのか聞きます。
　　　　　　　　　3.一緒に見ようと誘ってください。

Bさんのカード①　1.あなたは週末に韓国語の勉強をします。
　　　　　　　　2.Aさんの申し出を受けてください。

Bさんのカード②　1.あなたは今日の夕方映画を見ます。
　　　　　　　　2.Aさんの申し出を受けてください。

参考：주말에는 週末には

・・・ 第6課のまとめ

● 対話文日本語訳

藤井亮 　　　：キム・ヂウンさんは毎日運動をしますか?
キム・ヂウン：いいえ、毎日はしません。
藤井亮 　　　：では、いつしますか?
キム・ヂウン：普通週末にします。
藤井亮 　　　：そうですか。今度一緒にしましょう。

● 新出語句

【対話文】

언제 いつ	매일 毎日	운동 運動	안 〜ません
그럼 では	보통 普通	주말 週末	다음 今度
같이 一緒に			

【その他】

아침 朝	일어나요 起きます	입어요 着ます
수업 授業	시작해요 始まります	끝나요 終わります
밤 夜	자요 寝ます	내일 明日
오후 午後	월요일 月曜日	화요일 火曜日
수요일 水曜日	목요일 木曜日	금요일 金曜日
토요일 土曜日	일요일 日曜日	오늘 今日
오전 午前	저녁 夕方・夜	점심 昼ごはん
학생식당 学生食堂	뉴스 ニュース	기분 気分
야구 野球		

··· 新しい課に入る前に

✏ 短針の代わりにペンなどを置き、ペアになって例のように会話をしましょう。 CD 58

例 A: 몇 시예요?　何時ですか？

B: 세 시예요.　3時です。

시간 時間

1時	2時	3時	4時	5時	6時
한 시	두 시	세 시	네 시	다섯 시	여섯 시
7時	8時	9時	10時	11時	12時
일곱 시	여덟 시	아홉 시	열 시	열한 시	열두 시

第7課 本編 — 몇 시에 시작해요?

何時に始まりますか？
…日課について。

박진수 : 한국어 수업이 어때요?

사사키 아야 : 재미있어요. 오늘도 수업이 있어요.

박진수 : 몇 시에 시작해요?

사사키 아야 : 두 시에 시작해요.

박진수 : 그럼 빨리 가요. 공부 열심히 하세요.

1 時間の分を表す

時間の分を表すときは 오 분 (5分)、십 분 (10分) というように漢数詞を使います。 CD60

오 분   십 분   삼십 분   사십오 분

! 삼십 분 (30分) は日本語と同じように 반 (半) と言うことができます。

2 文型 지금 몇 시예요? 今、何時ですか？

例 A: 지금 몇 시예요?　今、何時ですか？
　　B: 열 시 십 분이에요.　10時10分です。

✏ 練習1　絵を見て、文を完成させましょう。

例 A: 지금 몇 시예요?　今、何時ですか？
　　B: 두 시 삼십 분이에요.　2時30分です。

① A: 지금 몇 시예요?
　　B: ＿＿＿ 시예요.

② A: 지금 _____?
　 B: 한 시 _____ 분이에요.

③ A: _____?
　 B: _____.

▸ 練習2　音声を聞いて、聞こえた方に○をしましょう。　CD 61

① 1:00 / 2:00　　② 3:00 / 4:00
③ 5:00 / 6:00　　④ 7:00 / 8:00
⑤ 9:00 / 8:00　　⑥ 11:00 / 12:00
⑦ 10:05 / 5:10　　⑧ 6:30 / 6:45

3　文型　～에 ~(해)요.　（時間）に～(し)ます。

例　한 시에 친구가 와요.　1時に友達が来ます。

　　A: 몇 시에 숙제를 해요?　何時に宿題をしますか?
　　B: 아홉 시에 해요.　9時にします。

▸ 練習1　例のように文を完成させましょう。

例　9:00 / 학교에 가요. → 아홉 시에 학교에 가요.

① 7:00 / 일어나요.

　→ _____.

② 7:10 / 옷을 입어요.
→ _____.

③ 9:30 / 수업이 시작해요.
→ _____.

④ 1:00 / 한국어를 공부해요.
→ _____.

⑤ 4:00 / 수업이 끝나요.
→ _____.

⑥ 5:00 / 친구하고 친구 집에서 놀아요.
→ _____.

⑦ 8:00 / 집에 가요.
→ _____.

⑧ 11:00 / 방에서 자요.
→ _____.

! 語句　집에 가요 家に帰り(行き)ます　　방 部屋

4 文型 ～이/가 어때요?　～はどうですか?

例　A: 학교가 어때요?　学校はどうですか?
　　B: 좋아요.　　　　　いいです。

状態を表す表現 CD62

① 재미있어요
② 재미없어요
③ 좋아요
④ 따뜻해요
⑤ 바빠요
⑥ 맛있어요

! 語句　재미없어요 つまらないです　　바빠요 忙しいです

✏ 練習1　絵を見て文を完成させましょう。

① A: 일이 어때요?
　　B: _____.

② A: 커피가 어때요?
　　B: _____.

③ A: 그 영화가 어때요?
　　B: _____.

④ A: 그 옷이 어때요?

B: _____.

⑤ A: 기분이 어때요?

B: _____.

課題

課題1　時間を聞き取って書きましょう。　CD63

① 今の時間 → _____시　　② 約束の時間 → _____

③ ドラマ開始時間 → _____　　④ 授業開始時間 → _____

⑤ ニュース終了時間 → _____　　⑥ 昼食時間 → _____

⑦ 映画開始時間 → _____　　⑧ 映画終了時間 → _____

! 語句　약속 約束　　드라마 ドラマ

課題2　文章を読んで、絵の下に時間を書きましょう。

하루

저는 보통 아침 일곱 시에 일어나요.
일곱 시 사십오 분에 아침을 먹어요.
그리고 여덟 시에 학교에 가요.
점심은 열두 시 반에 학생식당에서 먹어요.
오후에는 도서관에서 공부해요.

그리고 다섯 시에 집에 가요.
저녁은 일곱 시에 먹어요.
여덟 시에 티브이를 한 시간 봐요.
그리고 샤워를 해요.
보통 밤 열한 시에 자요.

! 語句　하루 一日　　아침 朝ごはん　　집에 가요 家に帰り(行き)ます
　　　　저녁 夕ごはん　　샤워 シャワー

① ： ＿＿＿＿＿　② ： ＿＿＿＿＿　③ ： ＿＿＿＿＿　④ ： ＿＿＿＿＿

⑤ ： ＿＿＿＿＿　⑥ ： ＿＿＿＿＿　⑦ ： ＿＿＿＿＿　⑧ ： ＿＿＿＿＿

📝 課題3　課題2を参考にして、ノートにあなたの一日について書きましょう。

📝 **課題4** クラスの人たちの明日のスケジュールについて韓国語でインタビューし、下の表に書き込みましょう。

例 あなた ： 몇 시에 일어나요?
　　○○さん： 6시에 일어나요.

	○○씨			
起きる時間	6시			
授業が始まる時間	9시			
昼ごはんを食べる時間	12시 15분			
アルバイトが始まる時間	안 해요.			
サークル活動が始まる時間	5시			
家に帰る時間	7시			
夕ごはんを食べる時間	7시 30분			
寝る時間	11시			

❗語句　아르바이트 アルバイト　　동아리 활동 サークル活動

・・・ 第7課のまとめ

● 対話文日本語訳

パク・チンス ： 韓国語の授業はどうですか？
佐々木彩 ： 面白いです。今日も授業があります。
パク・チンス ： 何時に始まりますか？
佐々木彩 ： ２時に始まります。
パク・チンス ： じゃあ早く行ってください。勉強頑張ってください。

● 新出語句

【対話文】

어때요? どうですか？　　빨리 速く　　열심히 하세요 頑張ってください

【その他】

시 ～時	시간 時間	분 ～分
반 半	지금 今	숙제 宿題　방 部屋

집에 가요 家に帰り(行き)ます
재미없어요 つまらないです

바빠요 忙しいです	약속 約束	드라마 ドラマ
하루 一日	아침 朝ごはん	집에 가요 家に帰り(行き)ます
저녁 夕ごはん	샤워 シャワー	아르바이트 アルバイト

동아리 활동 サークル活動

··· 新しい課に入る前に

　今まで学んできた**좋아요**、**먹어요**、**해요**などの形を、**해요体**と呼びます。**해요体**は、そのままの形では辞書に載っていません。辞書に載っている形を**基本形**と呼びます。基本形は**좋다**、**먹다**、**하다**のようにすべて**다**で終わります。

✎ 해요体と、その基本形と思われるものを線で結びましょう。

해요体	基本形
① 가요	・ 마시다
② 와요	・ 공부하다
③ 해요	・ 가다
④ 먹어요	・ 보다
⑤ 봐요	・ 먹다
⑥ 마셔요	・ 배우다
⑦ 배워요	・ 하다
⑧ 공부해요	・ 오다

❕ 語句　배워요 習います

第8課 本編

요즘 어떻게 지내요?
このごろどう過ごしていますか？
…辞書を引いてみる。旅行記を読む。

김지은: 요즘 어떻게 지내요?

후지이 료: 잘 지내요.

　　　　　저는 요즘 요리를 배워요.

김지은: 그래요? 한국 음식도 배워요?

후지이 료: 네, 김치도 만들어요. 맛있어요.

♪ **発音**　어떻게 [어떠케]

動作・状態を表す表現 CD65

① 지하철을 타요
② 한국어를 배워요
③ 친구를 기다려요
④ 과자가 좋아요
⑤ 숙제가 많아요
⑥ 옷이 싸요

! 語句　지하철 地下鉄　　타요 乗ります　　기다려요 待ちます　　많아요 多いです

1 基本形から해요体を作るには

基本形から다を取った緑色の文字の部分を語幹と言います。

하다　먹다　마시다　기다리다

1) まずは基本形を三つの種類に分けます。

　①하다で終わるもの
　　하다, 공부하다…

　②語幹の最後の母音がㅏかㅗのもの
　　가다, 오다, 살다…

③語幹の最後の母音がㅏかㅗ以外のもの

먹다, 마시다…

✏️ 練習1　下の囲みの中の単語を三つのグループに分けましょう。

> 하다　가다　먹다　사다　공부하다
> 살다　만나다　보다　마시다　일어나다
> 있다　없다　자다　일하다　입다　읽다
> 재미없다　오다　기다리다　배우다　좋다
> 운동하다　지내다　맛있다　타다
> 만들다　시작하다　재미있다

✏️ 語句　살다 住む

①하다で終わるもの	（ヒント：5個） 하다
②語幹の最後の母音がㅏかㅗのもの	（ヒント：10個）
③語幹の最後の母音がㅏかㅗ以外のもの	（ヒント：13個）

2) 三つのグループを해요体にします。

　①하다で終わるもの

　　하다　　→ 해요
　　공부하다 → 공부해요

✏️ 練習2　次の表を完成させ、音声を聞きましょう。　CD66

意味	基本形	해요体
① する	하다	해요
② 勉強する		공부해요
③ 働く		일해요
④ 始める		시작해요

　②語幹の最後の母音がㅏかㅗのもの

　　살다 → 살 + 아요 ⇒ 살아요
　　좋다 → 좋 + 아요 ⇒ 좋아요

語幹の最後にパッチムがある場合は縮約しませんが、パッチムがない場合は縮約が起きることが多いです。

　　가다 → 가 + 아요 → 가아요 ⇒ 가요
　　　　　　　　　　　(ㅏ+ㅏ→ㅏ)

　　오다 → 오 + 아요 → 오아요 ⇒ 와요
　　　　　　　　　　　(ㅗ+ㅏ→ㅘ)

練習3　次の表を完成させ、音声を聞きましょう。　CD 67

意味	基本形	해요体
① 行く	가다	가요
② 買う		사요
③ 住む	살다	
④ 会う		만나요
⑤ 見る		봐요
⑥ 起きる	일어나다	
⑦ 寝る		자요
⑧ 来る	오다	
⑨ よい		좋아요
⑩ 終わる	끝나다	
⑪ 乗る		타요

③語幹の最後の母音がㅏかㅗ以外のもの

먹다 → 먹 + 어요 → 먹어요

語幹の最後にパッチムがある場合は縮約しませんが、パッチムがない場合は縮約が起きることが多いです。

지내다 → 지내 + 어요 → 지내어요 ⇒ 지내요
　　　　　　　　　　　　　　　(ㅐ+ㅓ→ㅐ)

마시다 → 마시 + 어요 → 마시어요 ⇒ 마셔요
　　　　　　　　　　　　　　　(ㅣ+ㅓ→ㅕ)

배우다 → 배우 + 어요 → 배우어요 ⇒ 배워요
　　　　　　　　　　　　　　　(ㅜ+ㅓ→ㅝ)

練習4　次の表を完成させ、音声を聞きましょう。 CD68

意味	基本形	해요체
① 食べる	먹다	먹어요
② 飲む		마셔요
③ ある		있어요
④ ない	없다	
⑤ 読む		읽어요
⑥ 着る	입다	
⑦ つまらない		재미없어요
⑧ 待つ	기다리다	
⑨ 習う		배워요
⑩ 過ごす		지내요
⑪ おいしい	맛있다	
⑫ 作る	만들다	
⑬ 面白い		재미있어요

課題

📄 **課題1** 辞書を引いてみましょう。
次の文章を読んで答えます。答えは日本語で書いても構いません。文章の中には習っていない語句もあるので、分からない語句に印を付け、巻末の索引（辞書）で調べましょう。

서울 여행

저는 주말에 친구들하고 같이
한국 서울에 여행 가요.
토요일 오전 9시에 집을 나가요.
그리고 오후 1시에 비행기를 타요.
인천 공항에는 3시 반에 도착해요.
호텔 도착 시간은 5시 쯤이에요.

① この人は週末に何をしますか？

---

② この人はそれぞれの時間に何をしますか？

午後1時	午後3時半	午後5時

지금 호텔 방에 있어요. 방이 깨끗해요.
그리고 넓어요. 호텔은 종로에 있어요.
종로에는 고궁도 있어요.
식당도 가게도 많아요.
길에는 포장마차도 많아요.
떡볶이 오뎅 등 음식을 많이 팔아요.
값도 안 비싸요.
그리고 정말 맛있어요.

♪ 発音　깨끗해요 [깨끄태요]　　넓어요 [널버요]　　종로 [종노]
　　　　떡볶이 [떡뽀끼]　　많이 [마니]　　값 [갑]

③　ホテルの部屋はどんな部屋ですか？

　　_____

④　ホテルはどこにありますか？

　　_____

⑤　ホテルの周りにある屋台の食べ物はどのようでしょうか？

　　_____

・・・第8課のまとめ

● 対話文日本語訳

キム・ヂウン ： このごろどう過ごしてますか？
藤井亮　　　： 元気に過ごしています。
　　　　　　　私はこのごろ料理を習っています。
キム・ヂウン ： そうですか。韓国料理も習いますか？
藤井亮　　　： はい、キムチも作ります。おいしいです。

● 新出語句　〈　　〉内は語句の基本形です。

【対話文】

요즘 このごろ　　어떻게 どのように　　지내요〈지내다〉過ごします

잘 지내요 元気に過ごしています　　요리 料理　　음식 食べ物

김치 キムチ　　만들어요〈만들다〉作ります

【その他】

배워요〈배우다〉習います　　지하철 地下鉄

타요〈타다〉乗ります　　기다려요〈기다리다〉待ちます

많아요〈많다〉多いです

! P.129、130の課題に出てくる新出語句は巻末の索引で調べましょう。

··· 新しい課に入る前に

✏️ 次の韓国語を해요体に換えましょう。

🔘 例　세수를 하다　洗顔をする→세수를 해요　洗顔をします

① 8시에 일어나다　→ _____
8時に起きる

② 신문을 읽다　→ _____
新聞を読む

③ 동아리 활동을 하다→ _____
サークル活動をする

④ 청소를 하다　→ _____
掃除をする

⑤ 친구하고 놀다　→ _____
友達と遊ぶ

⑥ 운전을 배우다　→ _____
運転を習う

⑦ 편지를 쓰다　　→편지를 써요
手紙を書く

⑧ 음악을 듣다　　→음악을 들어요
音楽を聴く

❗ ⑦、⑧は第8課で説明した変化とは異なるタイプの変化をするものです。今はこの形をそのまま暗記してしまいましょう。(☞ P.165、166)

第9課 本編

도서관에서 공부했어요.

図書館で勉強しました。
…過去のできごとを話す。日記を書く。

박진수 : 아야 씨, 어제 뭐 했어요?
사사키 아야 : 도서관에서 공부했어요.
　　　　　　　진수 씨는 뭐 했어요?
박진수 : 저는 친구하고 놀았어요.
사사키 아야 : 어땠어요?
박진수 : 아주 재미있었어요.

1 過去形を作るには

過去形を作ってみましょう。過去形は**해요**体から最後の**요**を取って**ㅆ어요**を付けます。

①**하다**で終わるもの

하다　　→ 해요　　＋ ㅆ어요 ⇒ 했어요
공부하다 → 공부해요 ＋ ㅆ어요 ⇒ 공부했어요

②語幹の最後の母音がㅏかㅗのもの

가다 → 가요 ＋ ㅆ어요 ⇒ 갔어요
오다 → 와요 ＋ ㅆ어요 ⇒ 왔어요

③語幹の最後の母音がㅏかㅗ以外のもの

먹다　→ 먹어요 ＋ ㅆ어요 ⇒ 먹었어요
배우다 → 배워요 ＋ ㅆ어요 ⇒ 배웠어요

✎ 練習1　次の基本形を해요体と過去形に変えましょう。

	基本形	해요体	過去形
例	자다 →	(자요) →	(잤어요)
①	일어나다 →	(　　　) →	(　　　)
②	읽다 →	(　　　) →	(　　　)
③	마시다 →	(　　　) →	(　　　)
④	운동하다 →	(　　　) →	(　　　)
⑤	오다 →	(　　　) →	(　　　)
⑥	먹다 →	(　　　) →	(　　　)

⑦ 살다　　→　(　　　　　　)　→　(　　　　　　)
⑧ 지내다　→　(　　　　　　)　→　(　　　　　　)
⑨ 배우다　→　(　　　　　　)　→　(　　　　　　)

✎ 練習2　例のように過去形と過去の否定形の文を書きましょう。

例 학교에 가요.　→　<u>학교에 갔어요.</u>
　　　　　　　　→　<u>학교에 안 갔어요.</u>

① 신문을 읽어요.　→ _____ .
　　　　　　　　→ _____ .

② 쇼핑을 해요.　→ _____ .
　　　　　　　→ _____ .

③ 7시에 일어나요.　→ _____ .
　　　　　　　　　→ _____ .

④ 편지를 써요.　→ _____ .
　　　　　　　→ _____ .

⑤ 주스를 마셔요.　→ _____ .
　　　　　　　　→ _____ .

❢ 語句　쇼핑　ショッピング

✏️ 練習3　例のように文を完成させましょう。

- 例　어제
　　　백화점 / 옷
　　　A: 어제 뭐 했어요?
　　　B: 백화점에서 옷을 샀어요.

① 어제
　　집 / 티브이
　　A: _____ 뭐 했어요?
　　B: _____.

② 어제 밤
　　도서관 / 책
　　A: 어제 밤에 _____?
　　B: _____.

③ 주말
　　커피숍 / 커피
　　A: _____?
　　B: _____.

④ 주말
　　식당 / 아르바이트
　　A: _____?
　　B: _____.

⑤ 오늘 아침
　　운동장 / 운동
　　A: _____?
　　B: _____.

❗ 語句　운동장　運動場

課題

課題1 音声を聞いて質問に答えましょう。答えは日本語で書いても構いません。 CD 70

① 亮さんが食べた昼ごはんについて表に書き入れましょう。

どこで	
何を	
誰と	
どうだったか	

! 語句　비빔밥　ビビンバ

② きのうチウンさんと亮さんがしたことを表に書き入れましょう。

	チウンさん	亮さん
何をしたか		
どうだったか		

! 語句　비디오　ビデオ

- 課題2　クラスの人に韓国語でインタビューして表を完成させましょう。日本語で書いても構いません。

例　あなた　：어제 몇 시에 집에 갔어요?
　　○○さん：5시에 갔어요.

名前	○○씨			
きのうの帰宅時間	5시			
きのうの夕ごはんのメニュー	카레			
昨夜、家でしたこと	티브이 공부			
今朝の起床時間	6시			
その他	친구하고 점심			

! 語句　카레　カレー

📄 課題3　例を参考に、きのう一日の出来事をスケジュール表に書いて、韓国語で日記を書いてみましょう。

例

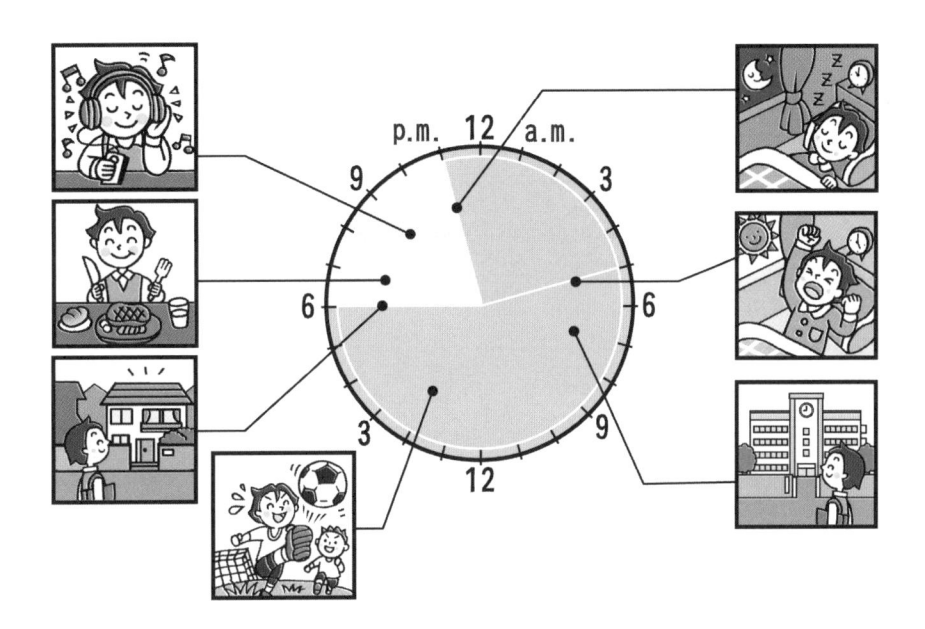

어제는 5시에 일어났어요.
아침에 숙제를 했어요.
그리고 학교에 갔어요.
오후에는 학교 운동장에서
친구하고 운동을 했어요.
기분이 좋았어요.
6시에 집에 왔어요.
식사 후 방에서 음악을 들었어요.
11시에 잤어요.

❕ 語句　식사　食事　　후　～(の)後　　집에 오다　家に帰る(来る)

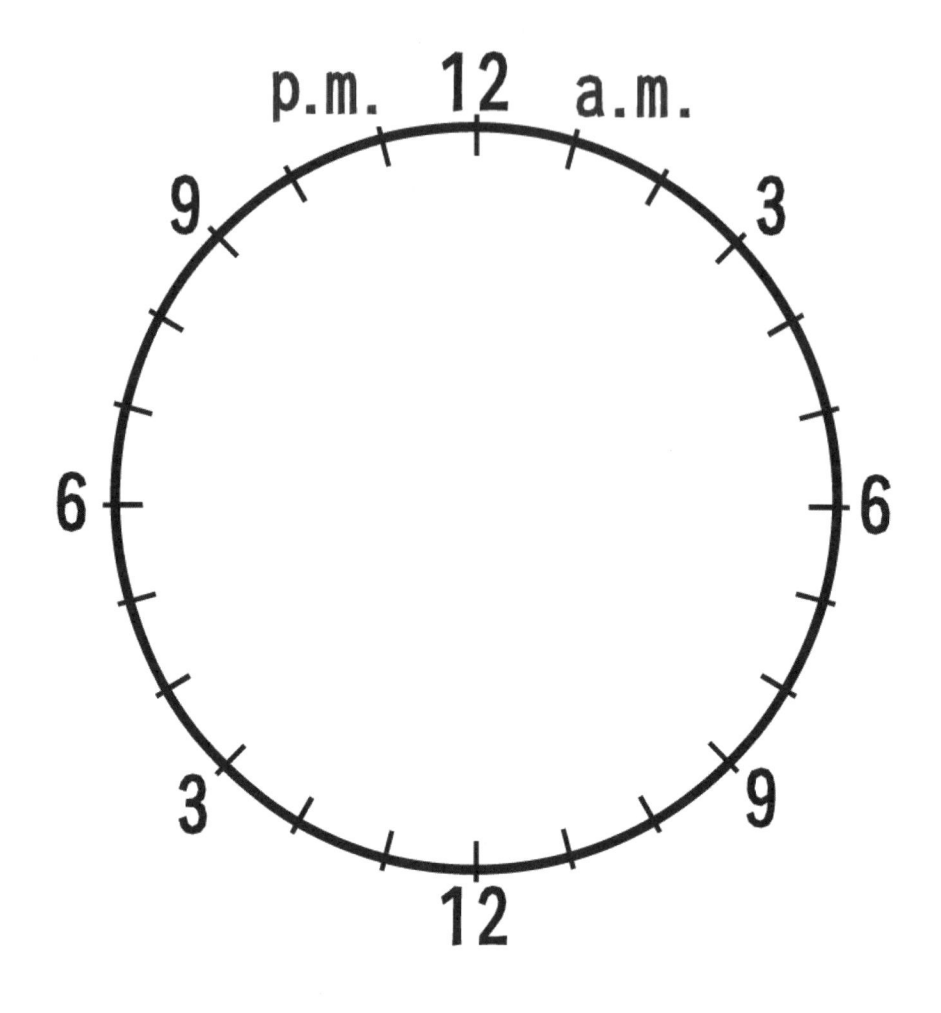

・・・ 第9課のまとめ

● 対話文日本語訳

パク・チンス ： 彩さん、きのう何しましたか?
佐々木彩 ： 図書館で勉強しました。
　　　　　　　チンスさんは何しましたか?
パク・チンス ： 私は友達と遊びました。
佐々木彩 ： どうでしたか?
パク・チンス ： とても面白かったです。

● 新出語句

【対話文】

어제 きのう　　아주 とても

【その他】

세수 洗顔　　　　　청소 清掃　　　　　　　운전 運転
편지 手紙　　　　　써요〈쓰다〉書きます　　음악 音楽
들어요〈듣다〉聞きます　쇼핑 ショッピング　운동장 運動場
비빔밥 ビビンバ　　비디오 ビデオ　　　　카레 カレー
식사 食事　　　　　후 〜(の)後
집에 오다 家に帰る(来る)

･･･ 新しい課に入る前に

・親しみのある言葉遣いとかしこまった言葉遣い

　これまで学んできた**해요**体は日本語の「〜です」や「〜ます」に当たる丁寧な形で、韓国人が日常会話で最もよく使う親しみのある言い方です。
　しかし韓国語には**합니다**体というさらに丁寧な形があり、よりかしこまった感じのする言い方です。
　韓国語を学び始めたばかりの皆さんには、まずは**해요**体を一生懸命身に付けてほしいのですが、もしかすると韓国のお友達のご両親にお目にかかったり、人前であいさつしたりすることがあるかもしれません。そんなときは**합니다**体も上手に使って、かしこまった言葉遣いで話してみてください。

・かしこまったあいさつ言葉　CD71

A: 안녕하십니까? B: 네, 안녕하십니까? 「こんにちは」	처음 뵙겠습니다. 후지이 료라고 합니다. 반갑습니다. 初対面のあいさつ	A: 오래간만입니다. B: 네, 오래간만입니다. 「お久しぶりです」
감사합니다. 고맙습니다. 「ありがとうございます」	A: 죄송합니다. B: 괜찮습니다. 「申し訳ありません」 「平気です」	A: 많이 드십시오. B: 잘 먹겠습니다. 「たくさん召し上がってください」 「いただきます」

第10課 本編

처음 뵙겠습니다.
はじめまして。
…かしこまった自己紹介。さまざまな場面であいさつをする。

김지은 : 후지이 씨, 이 분이 우리 어머니예요.

후지이 료 : 안녕하십니까? 처음 뵙겠습니다.

후지이 료라고 합니다.

일본에서 왔습니다.

어머니 : 네, 안녕하세요? 반가워요.

후지이 료 : 네, 반갑습니다.

1 ていねいな自己紹介の表現

1) ~(이)라고 합니다. ~と申します。

例 김지은이라고 합니다. キム・ヂウンと申します。

후지이 료라고 합니다. 藤井亮と申します。

練習1 例のように書き、声に出して読みましょう。末尾にパッチムがあるものには**이라고**、末尾にパッチムがないものには**라고**が付きます。

例 이미영　　이미영이라고 합니다.

① 사사키 아야　＿＿＿＿＿＿＿＿＿＿.
② 김도연　　　＿＿＿＿＿＿＿＿＿＿.
③ 自分の名前　＿＿＿＿＿＿＿＿＿＿.

2) ~에서 왔습니다. ~から来ました。

例 한국에서 왔습니다. 韓国から来ました。

練習2 例のように文を書き、声に出して読みましょう。

例 일본　　일본에서 왔습니다.

① 미국　　　　＿＿＿＿＿＿＿＿＿＿.
② 오사카　　　＿＿＿＿＿＿＿＿＿＿.
③ 自分の出身地　＿＿＿＿＿＿＿＿＿＿.

語句　미국 アメリカ

3) ~에 삽니다. ~に住んでいます。

> 例 부산에 삽니다. プサンに住んでいます。

✏ **練習3** 例のように書き、声に出して読みましょう。

> 例 교토　　　교토에 삽니다　　　　　．

① 도쿄　　　　　　　　　　　　　　．
② 서울　　　　　　　　　　　　　　．
③ 自分の居住地　　　　　　　　　　．

2 합니다体の作り方

1) 합니다体を作るには

動詞や形容詞の語幹に ㅂ니다 か 습니다 を付けます。

①語幹の最後にパッチムがないとき　⇒　語幹＋ㅂ니다

> 例 가다　　→ 가＋ㅂ니다　　⇒ 갑니다
> 　　공부하다 → 공부하＋ㅂ니다 ⇒ 공부합니다

②語幹の最後にㄹ以外のパッチムがあるとき　⇒　語幹＋습니다

> 例 먹다　→ 먹＋습니다　⇒ 먹습니다
> 　　반갑다 → 반갑＋습니다 ⇒ 반갑습니다

③語幹の最後にㄹパッチムがあるとき　⇒　語幹からㄹを取って＋ㅂ니다

> 例 살다 → 살̸＋ㅂ니다 ⇒ 삽니다
> 　　놀다 → 놀̸＋ㅂ니다 ⇒ 놉니다

✎ 練習1　次の基本形を합니다体に換えましょう。

① 가다　　　→ (　　　　　　　)
② 마시다　　→ (　　　　　　　)
③ 노래하다　→ (　　　　　　　)
④ 놀다　　　→ (　　　　　　　)
⑤ 읽다　　　→ (　　　　　　　)
⑥ 있다　　　→ (　　　　　　　)
⑦ 듣다　　　→ (　　　　　　　)
⑧ 오다　　　→ (　　　　　　　)

❗ 語句　노래하다　(歌を) 歌う

2) 합니다体の疑問形を作るには

합니다体の最後の**다**を**까?**に換えると합니다体の疑問形ができます。

합니**다** ⇒ 합니**까?**

例　A: 어디에 삽니**까?**　　どこに住んでいますか？
　　B: 부산에 삽니다.　　　プサンに住んでいます。

✎ 練習2　例のように합니다体で答えましょう。

例　A: 커피를 마십니까?
　　B: 아니요, 안 마십니다.
　　　　물을 마십니다.

① A: 티브이를 봅니까?
　 B: 네, ＿＿＿＿＿＿＿＿＿＿＿＿.

② A: 편지를 씁니까?
　 B: 아니요, ＿＿＿＿＿＿＿＿＿＿＿＿.
　　　　＿＿＿＿＿＿＿＿＿＿＿＿.

③ A: 재미있습니까?
　 B: 네, ＿＿＿＿＿＿＿＿＿＿＿＿.

3) 합니다体の過去形を作るには

해요体の過去形の**ㅆ어요**の部分を**ㅆ습니다**に換えると**합니다**体の過去形ができます。

例
하다 → 했어요　⇒ 했습니다
가다 → 갔어요　⇒ 갔습니다
먹다 → 먹었어요 ⇒ 먹었습니다

練習3 例のように합니다体の過去形を作りましょう。

例 자다　　→　잤어요　⇒ (잤습니다)

① 만나다　→　만났어요 ⇒ (　　　　　)
② 듣다　　→　들었어요 ⇒ (　　　　　)
③ 놀다　　→　놀았어요 ⇒ (　　　　　)

④ 세수하다 → 세수했어요 ⇒ (　　　　　)
⑤ 좋다 → 좋았어요 ⇒ (　　　　　)
⑥ 기다리다 → 기다렸어요 ⇒ (　　　　　)

! 語句　세수하다 洗顔する

4) ~이에요/예요の합니다体

　~이에요/예요の합니다体は입니다です。

例　선생님이에요. → 선생님입니다.
　　가수예요. → 가수입니다.

5) ~이/가 아니에요の합니다体

　~이/가 아니에요の합니다体は~이/가 아닙니다です。

例　일본 사람이 아니에요. → 일본 사람이 아닙니다.
　　주부가 아니에요. → 주부가 아닙니다.

✎ 練習4　해요体の質問に합니다体で答えましょう。아니요で答えるものは、好きな言葉で書きましょう。

例　A: 김지은 씨예요?
　　B: 네, 저는 김지은입니다.

① A: 후지이 료 씨예요?
　 B: 네, ＿＿＿＿＿＿＿＿＿＿.

② A: 일본 사람이에요?
　　B: 네, ＿＿＿＿＿＿＿＿＿＿＿＿＿＿＿.

③ A: 대학생이에요?
　　B: 아니요, ＿＿＿＿＿＿＿＿＿＿＿＿＿＿＿.

④ A: 이거 과자예요?
　　B: 네, ＿＿＿＿＿＿＿＿＿＿＿＿＿＿＿.

⑤ A: 이 분이 어머니예요?
　　B: 아니요, ＿＿＿＿＿＿＿＿＿＿＿＿＿＿＿.

課題

課題1 합니다体で自己紹介文を書き、クラスのみんなに改めて自己紹介をしましょう。

안녕하십니까?
저는＿＿＿＿＿＿＿＿＿＿＿＿＿＿＿＿
＿＿＿＿＿＿＿＿＿＿＿＿＿＿＿＿＿＿
＿＿＿＿＿＿＿＿＿＿＿＿＿＿＿＿＿＿
＿＿＿＿＿＿＿＿＿＿＿＿＿＿＿＿＿＿
반갑습니다.

課題2 ☐の中から適切なものを選び、文を完成させましょう。

> 오래간만입니다   고맙습니다   잘 먹겠습니다
> 괜찮습니다   죄송합니다   많이 드십시오

① 
A: 이거 받으세요.
B: _____.

② 
A: _____.
B: _____.

③ 
A: _____.
B: _____.

④ 
A: _____.
B: 네, 오래간만입니다.

・・・ 第10課のまとめ

● 対話文日本語訳

キム・ヂウン ： 藤井さん、この方が私の母です。
藤井亮　　　： こんにちは。はじめまして。
　　　　　　　藤井亮と申します。
　　　　　　　日本から来ました。
母　　　　　： はい、こんにちは。(会えて)うれしいです。
藤井亮　　　： はい、(会えて)うれしいです。

● 新出語句

【本文】

분 方　　반가워요　(会えて)うれしいです

【その他】

안녕하십니까? こんにちは　　처음 뵙겠습니다 はじめまして
~(이)라고 합니다 ~と申します
오래간만입니다 お久しぶりです
죄송합니다 申し訳ありません　　괜찮습니다 大丈夫です
많이 드십시오 たくさん召し上がってください
잘 먹겠습니다 いただきます　　미국 アメリカ　　부산 プサン
노래하다 (歌を)歌う　　　　세수하다 洗顔する

··· 新しい課に入る前に

✏️ ふさわしい韓国語の表現を下から選び（　　　）の中に書きましょう。 CD 73

① (　　　　　)　　② (　　　　　)

③ (　　　　　)　　④ (　　　　　)

⑤ (　　　　　)　　⑥ (　　　　　)

> 비가 와요 雨が降ります　눈이 와요 雪が降ります
> 날씨가 좋아요 天気がいいです
> 날씨가 나빠요 天気が悪いです
> 더워요 暑いです　추워요 寒いです

第11課 本編

오늘 날씨가 어때요?
今日、天気はどうですか？
…天気について。いろいろな形容詞。

박진수: 오늘 날씨가 어때요?

사사키 아야: 오늘은 날씨가 아주 좋아요.

박진수: 안 추워요?

사사키 아야: 네, 안 추워요. 따뜻해요.
서울은 추워요?

박진수: 네, 오늘도 많이 추워요.

1 いろいろな形容詞 CD 75

① 어려워요* 難しいです ⟷ 쉬워요* やさしいです

② 비싸요 高いです ⟷ 싸요 安いです

③ 예뻐요* きれいです ⟷ 안 예뻐요* きれいではないです

④ 바빠요* 忙しいです ⟷ 안 바빠요* 忙しくないです

⑤ 멀어요 遠いです ⟷ 안 멀어요 遠くないです

⑥ 재미있어요 面白いです ⟷ 재미없어요 つまらないです

⑦ 맛있어요 おいしいです ⟷ 맛없어요 まずいです

⑧ 좋아요 いいです ⟷ 안 좋아요 / 나빠요*

よくないです/悪いです

⑨ 많아요 多いです ⟷ 안 많아요 多くないです

⑩ 짜요 塩辛いです ⟷ 안 짜요 塩辛くないです

⑪ 매워요* 辛いです ⟷ 안 매워요* 辛くないです

⑫ 친절해요 親切です ⟷ 안 친절해요 親切ではないです

♪ 発音 맛없어요 [마덥써요]

/ *が付いている形容詞は第8課で説明した変化とは異なるタイプの変化をするものです。今はこの形をそのまま暗記してしまいましょう。（☞P.165、166）

練習1 左ページのいろいろな形容詞を参考にし、自由に文を作りましょう。最後に自分でも対話文を作りましょう。

例 A: 커피 맛이 어때요?
B: 맛있어요.

① A: 이 꽃이 어때요?
B: _____.

② A: 학생식당이 어때요?
B: _____.

③ A: 그 영화가 어땠어요?
B: 참 _____.

④ A: 그 책이 어땠어요?
B: 아주 _____.

⑤ A: 어제 서울은 날씨가 어땠어요?
B: _____.

⑥ A: _____?
B: _____.

! 語句 맛[맏] 味   꽃[꼳] 花

課題

📄 **課題1** 音声を聞いて、その内容と絵が合っていれば○を、間違っていれば×を（　　　）の中に書きましょう。 🎧CD 76

① （　　　）

② （　　　）

③ （　　　）

④ （　　　）

⑤ （　　　）

⑥ （　　　）

⑦ （　　　）

⑧ （　　　）

❗ 語句　시험 試験

📄 課題2　次の文を読んで、下の表の各曜日の天気が正しければ〇、間違っていれば×を書きましょう。

일기예보

일요일은 날씨가 좋아요.
월요일도 아주 좋아요.
화요일은 날씨가 안 좋아요.
수요일은 오후에 비가 와요.
목요일도 날씨가 안 좋아요.
금요일은 날씨가 추워요. 눈이 와요.
토요일은 눈이 안 와요. 비가 조금 와요.

①일	②월	③화	④수	⑤목	⑥금	⑦토
		〇				

❗ 語句　일기예보 天気予報　　조금 少し

第11課のまとめ

● 対話文日本語訳

パク・チンス ： 今日、天気はどうですか？
佐々木彩 ： 今日は天気がとてもいいです。
パク・チンス ： 寒くないですか？
佐々木彩 ： はい、寒くありません。暖かいです。ソウルは寒いですか？
パク・チンス ： はい、今日もとても寒いです。

● 新出語句

【対話文】

날씨 天気   추워요〈춥다〉 寒いです   많이 とても

【その他】

비 雨   와요〈오다〉 降ります   눈 雪
나빠요〈나쁘다〉 悪いです   더워요〈덥다〉 暑いです
어려워요〈어렵다〉 難しいです   쉬워요〈쉽다〉 やさしいです
예뻐요〈예쁘다〉 きれいです   멀어요〈멀다〉 遠いです
매워요〈맵다〉 辛いです   친절해요〈친절하다〉 親切です
맛 味   꽃 花   시험 試験   일기예보 天気予報   조금 少し

韓国語で遊ぼう

✎ それぞれの番号の2カ所の空欄には同じ言葉が入ります。下から選んで書きましょう。使わない言葉もあります。

① 겨울이 _____.
　옷을 안 입었어요. _____.
② 하와이는 _____. 인도도 _____.
③ 애기가 _____.  
　티브이가 _____.
④ 이 가수가 노래를 _____.
　저 학생이 한국어를 _____.
⑤ 기분이 _____. 날씨가 _____.  
⑥ 김치가 _____. 와사비도 _____.
⑦ 한복이 _____. 기모노도 _____.  
⑧ 비가 _____. 친구가 _____.

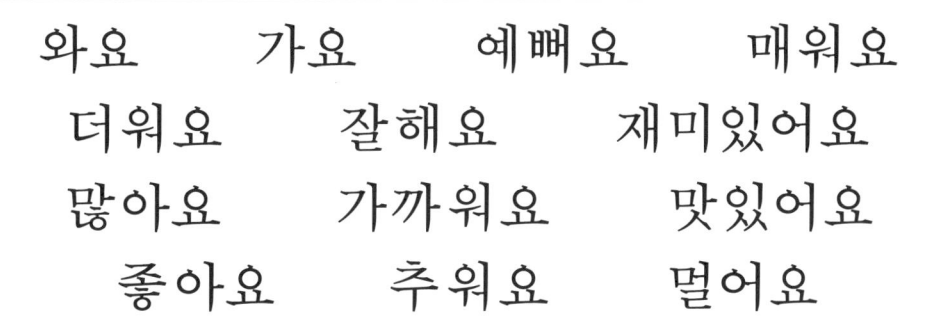

와요　　가요　　예뻐요　　매워요
더워요　　잘해요　　재미있어요
많아요　　가까워요　　맛있어요
좋아요　　추워요　　멀어요

❗ 語句　겨울 冬　　하와이 ハワイ　　인도 インド　　와사비 ワサビ
　　　한복 韓国の伝統衣装　　기모노 着物　　가까워요 近いです

Bさんの探し物（コーヒー、本、雨傘）

(☞P.82参照)

巻末付録

本書で学んだ
文型や文法などをまとめました。

■発音変化のルール

　韓国語はハングルを文字どおりに発音すれば、意味が分からなくても声に出して読むことができます。しかし、特定の音が連続すると、発音をしやすくするために文字どおりに発音されない場合もあります。少し複雑に感じられるかもしれませんが、本書に登場した例を中心に、主な発音変化のルールをまとめました。

1) 濁音にして発音する（有声音化）

・ㄱ、ㄷ、ㅂ、ㅈの4つの子音は、語中では濁ったように発音します。

> 例　고기　［コギ］　　　肉
> 　　구두　［クドゥ］　　靴
> 　　아버지　［アボジ］　父

・語中であっても、「ッ」系のパッチム[※1]の後ろでは濁りません。☞ 5）濃音化

> 例　학교　［ハッキョ］　学校

・ㅅやㅎは決して濁りません。

> 例　회사　［フェサ］　　　会社
> 　　공부해요　［コンブヘヨ］　勉強します

　※1「ッ」系のパッチムとは、パッチムのㄱ(ㅋ)、ㄷ(ㅅ、ㅈ、ㅊ、ㅌ、ㅎ)、ㅂ(ㅍ)のことです。発音の方法はそれぞれ異なりますが、どれも息を止めるように音を消しながら発音します。日本語の「ッ」のように聞こえます。

2) 音をつなげて発音する（連音化）

・パッチムの後ろに母音が来るとき、パッチムの子音と後ろの母音をつなげて発音します。

> 例　이름은 [이르믄]　　名前は
> 　　꽃이에요 [꼬치에요]　花です

・パッチムが二つあるときは、右のパッチムの子音と後ろの母音をつなげて発音します。

> 例　읽어요 [일거요]　読みます

・パッチムㅇの後ろに母音が来るときは、しっかりㅇの発音をしてから母音を発音します。

> 例　영어　［ヨンオ］　　英語
> 　　고양이　［コヤンイ］　猫

3) 激音にして発音する(激音化)
・パッチムㄱ、ㄷ、ㅂ、ㅈの後ろにㅎが来ると、二つの音はくっついて、それぞれ激音のㅋ、ㅌ、ㅍ、ㅊになります。

ㄱ＋ㅎ → ㅋ　　ㅎ＋ㄱ → ㅋ
ㄷ＋ㅎ → ㅌ　　ㅎ＋ㄷ → ㅌ
ㅂ＋ㅎ → ㅍ　　ㅎ＋ㅂ → ㅍ
ㅈ＋ㅎ → ㅊ　　ㅎ＋ㅈ → ㅊ

例　백화점 [배콰점]　　デパート
　　좋다 [조타]　　よい
　　많다 [만타]　　多い
　　따뜻해요 [따뜨태요]　暖かいです

4) 鼻音にして発音する(鼻音化)
・「ッ」系のパッチムは、後ろにㄴやㅁが来ると、「ン」系のパッチム[※2]のような発音(鼻音)に変わります。

ㄱ＋ㄴ/ㅁ → ㅇ＋ㄴ/ㅁ
ㄷ＋ㄴ/ㅁ → ㄴ＋ㄴ/ㅁ
ㅂ＋ㄴ/ㅁ → ㅁ＋ㄴ/ㅁ

例　한국말 [한궁말]　　韓国語
　　마십니다 [마심니다]　飲みます

※2「ン」系のパッチムとは、パッチムㅇ、ㄴ、ㅁのことです。発音の方法はそれぞれ異なりますが、どれも鼻の奥で音を響かせて発音します。日本語の「ン」のように聞こえます。

5) 濃音にして発音する(濃音化)
・平音のㄱ、ㄷ、ㅂ、ㅅ、ㅈは、「ッ」系のパッチムの後ろでは、それぞれ濃音のㄲ、ㄸ、ㅃ、ㅆ、ㅉになって濁りません。

例　학교 [학꾜]　学校
　　식당 [식땅]　食堂

6) ㅎを発音しない(無音化)
・パッチムㅎは、母音の前では発音しません。

例　좋아요 [조아요]　いいです

7) ㅎを弱く発音する(弱音化)
・ㅎは、「ン」系のパッチムやㄹの後ろでは、ほとんど発音されません。

例　영화 [영와]　　　　　　映画
　　전화 [전와 → 저놔]　　電話
　　안녕하세요? [안녕아세요]　こんにちは

8) 티を치と発音する(口蓋音化)
・パッチムㅌは母音の이と連音するとき、티ではなく치と発音します。

例　같이 [가티 → 가치]　一緒に

9) 助詞의を에と発音する
・日本語の「～の」に当たる助詞の의は、多くの場合에と発音します。

例　나의 사랑 [나에 사랑]　私の愛

10) パッチムが二つあるときの発音について
・子音の前では、どちらか一つだけを発音します。

例　여덟 [여덜]　　　　八つ
　　여덟 시 [여덜 씨]　8時
　　없다 [업따]　　　　ない・いない
　　읽습니다 [익씀니다]　読みます

・後ろに母音があれば右側のパッチムは連音します。☞2)連音化

例　읽어요 [일거요]　読みます

・パッチムㄶ、ㅀは、後ろに母音が来ると、右側のㅎは発音せずに左側のㄴとㄹが連音化します。
　☞2)連音化、☞6)無音化

例　많이 [마니]　　　たくさん
　　싫어요 [시러요]　嫌いです

・パッチムㄶ、ㅀは、後ろに子音のㄱ、ㄷ、ㅂ、ㅈが来ると、右側のㅎがくっついて激音化します。
　☞3)激音化

例　많다 [만타]　多い
　　싫다 [실타]　嫌い

■動詞・形容詞の変則活用

　動詞や形容詞の基本形を**해요**体に換える方法には、三つの基本パターンがありました(☞第8課)。しかし動詞や形容詞の中には、基本パターンどおりに活用しないものもあり、これを「変則活用」といいます。ここでは本書に出てきた単語を中心に、変則活用についてまとめました。

1) 으変則活用　語幹が母音으で終わる動詞や形容詞

・語幹が母音の으で終わる動詞や形容詞のうち、語幹末より一つ前の文字の母音が**아**か**오**のものには、語幹末の으を取って**아요**を付けます。

例　나쁘다 → 나쁘 + 아요 ⇒ 나빠요

意味	基本形	해요体	합니다体
悪い	나쁘다	나빠요	나쁩니다
忙しい	바쁘다	바빠요	바쁩니다
痛い	아프다	아파요	아픕니다

・語幹の末尾が母音の으で終わる動詞や形容詞のうち、語幹が1文字のものや、語幹末より1つ前の文字の母音が**아**か**오**以外のものには、語幹末の으を取って**어요**を付けます。

例　크다 → ㅋ + 어요 ⇒ 커요
　　예쁘다 → 예쁘 + 어요 ⇒ 예뻐요

意味	基本形	해요体	합니다体
書く	쓰다	써요	씁니다
大きい	크다	커요	큽니다
きれいだ	예쁘다	예뻐요	예쁩니다

2) ㅂ変則活用　語幹がパッチムㅂで終わる動詞や形容詞

・語幹がパッチムㅂで終わる動詞や形容詞は、語幹末のㅂを**우**に換えて**어요**を付けます。

例　춥다　→　추우　+　어요　⇒　추워요

意味	基本形	해요体	합니다体
寒い	춥다	추워요	춥습니다
暑い	덥다	더워요	덥습니다
やさしい	쉽다	쉬워요	쉽습니다
難しい	어렵다	어려워요	어렵습니다
辛い	맵다	매워요	맵습니다

・語幹がㅂで終わる動詞や形容詞のほとんどが、上のような変則活用をしますが、**입다**(着る)などのように基本パターンどおりに活用をするものも少しあります。

意味	基本形	해요体	합니다体
着る	입다	입어요	입습니다

3) ㄷ変則活用　語幹がパッチムㄷで終わる動詞

・語幹がパッチムㄷで終わる動詞は、語幹末のㄷをㄹに変えて**어요**を付けます。

例　듣다 → 들 + 어요 ⇒ 들어요

意味	基本形	해요体	합니다体
聞く	듣다	들어요	듣습니다

・語幹がㄷで終わる動詞のすべてが上のような変則活用をするわけではなく、基本パターンどおりに活用するものもあります。

4) ㅎ変則活用　語幹がパッチムのㅎで終わる形容詞

・語幹がパッチムㅎで終わる形容詞は、語幹末のㅎとその前の母音**어**を取って**애요**を付けます。

例　어떻다 → 어ㄸ + 애요 ⇒ 어때요

意味	基本形	해요体	합니다体
どうだ	어떻다	어때요?	어떻습니까?
そうだ	그렇다	그래요	그렇습니다

・**어때요?** も**그래요**も日常会話でよく使う表現ですから、そのまま覚えましょう。

■活用表

1) 해요体

意味	基本形	肯定形	否定形	過去形	過去否定形
する	하다	해요	안 해요	했어요	안 했어요
勉強する	공부하다	공부해요	공부 안 해요	공부했어요	공부 안 했어요
住む	살다	살아요	안 살아요	살았어요	안 살았어요
行く	가다	가요	안 가요	갔어요	안 갔어요
いい	좋다	좋아요	안 좋아요	좋았어요	안 좋았어요
来る	오다	와요	안 와요	왔어요	안 왔어요
過ごす	지내다	지내요	안 지내요	지냈어요	안 지냈어요
食べる	먹다	먹어요	안 먹어요	먹었어요	안 먹었어요
なる	되다	돼요	안 돼요	됐어요	안 됐어요
学ぶ	배우다	배워요	안 배워요	배웠어요	안 배웠어요
飲む	마시다	마셔요	안 마셔요	마셨어요	안 마셨어요
〜だ	-이다	-이에요/예요	-이/가 아니에요	-이었어요/였어요	-이/가 아니었어요
〜ではない	-이 아니다 -가 아니다	-이 아니에요 -가 아니에요	-	-이 아니었어요 -가 아니었어요	-

2) 해요体 変則

意味	基本形	肯定形	否定形	過去形	過去否定形
忙しい	바쁘다	바빠요	안 바빠요	바빴어요	안 바빴어요
きれいだ	예쁘다	예뻐요	안 예뻐요	예뻤어요	안 예뻤어요
書く	쓰다	써요	안 써요	썼어요	안 썼어요
寒い	춥다	추워요	안 추워요	추웠어요	안 추웠어요
聞く	듣다	들어요	안 들어요	들었어요	안 들었어요
そうだ	그렇다	그래요	안 그래요	그랬어요	안 그랬어요

3) 합니다体

意味	基本形	肯定形	否定形	過去形	過去否定形
する	하다	합니다	안 합니다	했습니다	안 했습니다
食べる	먹다	먹습니다	안 먹습니다	먹었습니다	안 먹었습니다
住む	살다	삽니다	안 삽니다	살았습니다	안 살았습니다
～だ	-이다	-입니다	-이/가 아닙니다	-이었습니다/ 였습니다	-이/가 아니었습니다
～ではない	-이 아니다 -가 아니다	-이 아닙니다 -가 아닙니다	-	-이 아니었습니다 -가 아니었습니다	-

■韓国語の助詞一覧

本編に登場する韓国語の助詞を一覧にしました。本書で学習していない助詞もありますが、合わせて確認しましょう。

助詞	意味	例文（日本語訳）	課
～은/는	～は	선생님은 한국 사람이에요. （先生は韓国人です。）	1
		저는 대학생이에요. （私は大学生です。）	
～이/가	～が	여동생이 있어요. （妹がいます。）	3
		오빠가 없어요. （兄がいません。）	
(場所)에	～に	친구가 한국에 있어요. （友達が韓国にいます。）	3
		매일 학교에 가요. （毎日学校に行きます。）	5
(時間)에	～に	오후에 약속이 있어요. （午後に約束があります。）	6
～도	～も	저는 형도 남동생도 있어요. （私は兄も弟もいます。）	3
～을/를	～を	책을 읽어요. （本を読みます。）	5
		공부를 해요. （勉強をします。）	
(場所)에서	～で	집에서 음악을 들어요. （家で音楽を聴きます。）	5
	～から	일본에서 왔습니다. （日本から来ました。）	10
		학교가 집에서 멀어요. （学校は家から遠いです。）	―
～하고	～と	빵하고 우유를 사요. （パンと牛乳を買います。）	5
		친구하고 공원에서 놀아요. （友達と公園で遊びます。）	
～으로/로	～で	볼펜으로 써요. （ボールペンで書きます。）	2 (課題3)
		한국어로 뭐예요? （韓国語で何ですか。）	
		지하철로 가요. （地下鉄で行きます。）	
～의	～の	친구의 친구. （友達の友達。）	―
(時間)부터	～から	오늘부터 일을 시작해요. （今日から仕事を始めます。）	―
(場所)까지	～まで	부산에서 서울까지 갔어요. （プサンからソウルまで行きました。）	―
(時間)까지	～まで	한 시부터 세 시까지 공부해요. （1時から3時まで勉強します。）	―

! 「～の」に当たる「～의」は[에]と発音します。

■各課の文型と文法の整理

本編第1課～10課で学ぶ文型と文法などを整理したものです。学習の助けにご利用ください。

第1課

1) ～이에요/예요．　～です。
- 名詞や代名詞、数詞などの体言に付いて、形容詞には付きません。
- 末尾にパッチムがあるものには**이에요**、末尾にパッチムがないものには**예요**が付きます。
- **예요**は[**에요**]と発音することが多いです。
- 疑問文は最後の**요?**を尻上がりに発音します。

例　회사원이에요．　　会社員です。
　　주부예요．　　　　主婦です。
　　학생이에요?　　　 学生ですか？

2) ～은/는　～は
- 日本語の「～は」に当たる助詞です。
- 末尾にパッチムがあるものには**은**、末尾にパッチムがないものには**는**が付きます。

例　선생님은 한국 사람이에요．　先生は韓国人です。
　　친구는 가수예요．　　　　　 友達は歌手です。

3) 제～　私の～
- 「私は」は**저**+**는**で**저는**となりますが、「私の～」は**제**～となります。

例　저는 대학생이에요．　　　　私は大学生です。
　　제 이름은 박진수예요．　　 私の名前はパク・チンスです。

第2課

1) 이거/그거/저거　これ/それ/あれ
- **이거**は話し手に近いものを、**그거**は聞き手に近いものを、**저거**は聞き手と話し手の両方から遠く離れているものを指します。
- **이거**、**그거**、**저거**の元の形は**이것**、**그것**、**저것**です。話し言葉ではこのように語句が縮約されることもあり、ここではパッチム**ㅅ**が省略されています。

2) 이 / 그 / 저 ~　この／その／あの～

・「この～、その～、あの～」に当たる表現です。
・「이+名詞」は話し手に近いものを、「그+名詞」は聞き手に近いものを、「저+名詞」は聞き手と話し手の両方から遠く離れているものを指します。

	이~	그~	저~
책 (本)	이 책	그 책	저 책
사람 (人)	이 사람	그 사람	저 사람

3) 뭐　何

・「何」に当たる表現で、物事について質問するときに使う表現です。
・뭐の元の形は무엇ですが、話し言葉ではしばしばこの縮約された形が使われます。

例　A: 이거 뭐예요?　　これ何ですか?
　　B: 과자예요.　　　　お菓子です。

　　A: 이름 뭐예요?　　名前何ですか?
　　B: 이미영이에요.　　イ・ミヨンです。

4) ～이 / 가 아니에요　～ではありません

・末尾にパッチムがあるものには이 아니에요、末尾にパッチムがないものには가 아니에요が付きます。
・疑問文は最後の요?を尻上がりに発音します。

例　회사원이 아니에요.　　　　会社員ではありません。
　　가수가 아니에요.　　　　　 歌手ではありません。
　　나카무라 씨가 아니에요?　中村さんではありませんか?

第3課

1) ～이 / 가　～が

・日本語の「～が」に当たる助詞です。
・末尾にパッチムがあるものには이、末尾にパッチムがないものには가が付きます。

例　신문이 있어요.　　新聞があります。
　　잡지가 없어요.　　雑誌がありません。

・日本語では疑問詞の前は「～は」を用いることになっています。一方韓国語では初めて質問するときには이/가がよく使われます。

㉑ A: 학교가 어디에 있어요?　学校はどこにありますか？
　　B: 공원 앞에 있어요.　　　公園の前にあります。

　　A: 이름이 뭐예요?　　　　名前は何ですか？
　　B: 김진수예요.　　　　　　キム・ジンスです。

2) **있어요./없어요.**　あります/ありません、います/いません
- 日本語では主語が物か人かで「あります/ありません」と「います/いません」とを使い分けますが、**있어요/없어요**は物にも人にも使えます。
- 「ある/ない」「いる/いない」という意味以外に、「持っている/持っていない」という意味もあります。

㉑　돈이 있어요.　　お金があります。
　　차가 없어요.　　車がありません。
　　학생이 있어요.　学生がいます。
　　친구가 없어요.　友達がいません。

3) **어디　どこ**
- 「どこ」に当たる表現です。

㉑　우산이 어디에 있어요?　雨傘はどこにありますか？
　　어디에 가요?　　　　　　どこに行きますか？（〜에 가요 ☞第5課）
　　어디에서 공부해요?　　　どこで勉強しますか？（〜에서 ☞第5課）

4) **〜에　〜に**
- 場所を表す名詞の後ろに付いて、位置・所在地・目的地を表す助詞です。

㉑　학생이 교실에 있어요.　学生が教室にいます。
　　학교에 가요.　　　　　　学校に行きます。（〜에 가요 ☞第5課）

- **에**に助詞の**는**が付いた**에는**は、日本語の「〜には」のように強調や対比を表します。

㉑　오 층에는 커피숍이 없어요.　5階にはコーヒーショップがありません。

5) **「〜の」と位置を表す言葉**
- 「学校の前」や「会社の隣」などのように、位置を表す言葉（前、後ろ、横、上、下など）の前にある「〜の」は、韓国語では省略します。

㉑　학교 앞에 식당이 있어요.　　　　学校の前に食堂があります。
　　어머니 옆에 남동생이 있어요.　　お母さんの横に弟がいます。

6) **〜도　〜も**
- 名詞の後ろに付いて、「〜もまた、〜もやはり」という意味を表す助詞です。

-172-

例　학생이 있어요. 선생님도 계세요.　　学生がいます。先生もいらっしゃいます。(계세요 ☞第4課)
　　바나나도 수박도 없어요.　　　　　　バナナもスイカもありません。
　　저도 박지은 씨도 학생이에요.　　　　私もパク・チウンさんも学生です。

第4課

1) 몇～　何(なん)～

・日本語の「何人」「何個」など、数や量を尋ねる「何～」に当たる表現です。
・単位などを表す名詞の前に来ます。

例　몇 사람이에요?　　何人ですか？
　　몇 개 있어요?　　　何個ありますか？
　　몇 시예요?　　　　何時ですか？

2) 오빠/언니, 형/누나　お兄さん、お姉さん

・妹から見た兄と姉は**오빠**と**언니**で、弟から見た兄と姉は**형**と**누나**です。

例　・Bが女の人のとき
　　A: 언니가 있어요?　　　　お姉さんがいますか？
　　B: 네, 언니가 있어요.　　　はい、姉がいます。
　　A: 그럼, 오빠도 있어요?　　じゃあ、お兄さんもいますか？
　　B: 네, 오빠도 있어요.　　　はい、兄もいます。

　　・Bが男の人のとき
　　A: 누나가 있어요?　　　　お姉さんがいますか？
　　B: 네, 누나가 있어요.　　　はい、姉がいます。
　　A: 그럼, 형도 있어요?　　　じゃあ、お兄さんもいますか？
　　B: 아니요, 형은 없어요.　　いいえ、兄はいません。

3) 누구　誰

・**누구**に助詞の**가**(〜が)が付くと、**누구가**ではなく**누가**という形に変わります。

例　이 사람이 누구예요?　　この人は誰ですか？
　　누가 지은 씨예요?　　　誰がチウンさんですか？

4) 계세요.　いらっしゃいます。

・「いらっしゃいます」に当たります。
・日本語では、身内の人物を話題にするとき尊敬語を使いませんが、韓国語では、話題の人物が目上の人であれば、身内であるかないかに関係なく尊敬語を使って話します。

例 A: 집에 누가 계세요?　家にどなたがいらっしゃいますか?
　　B: 어머니가 계세요.　母がおります(いらっしゃいます)。

5) 안 계세요. いらっしゃいません。
・「いません」は 없어요ですが、「いらっしゃいません」は否定の 안を使って、안 계세요と表します。
(否定の 안☞第6課)

例 A: 김 선생님 계세요?　　キム先生いらっしゃいますか?
　　B: 아니요, 지금 안 계세요.　いいえ、今いらっしゃいません。

第5課

1) ~에 가요/와요. ~に行きます/来ます。
・目的地(場所)の後に来ます。ですからこの文型は「旅行に行きます」「アルバイトに行きます」などの文には使えません。

2) 뭐 해요?　何しますか?、何してますか?

例 A: 오늘 뭐 해요?　今日何しますか?
　　B: 도서관에 가요.　図書館に行きます。

　　A: 지금 뭐 해요?　今、何してますか?
　　B: 책을 읽어요.　本を読んでます。

3) ~을/를　~を
・日本語の「~を」に当たる助詞です。
・末尾にパッチムがある単語には 을、末尾にパッチムがないものには 를が付きます。

例 옷을 사요.　　服を買います。
　 커피를 마셔요.　コーヒーを飲みます。

・日本語では「~に」となるものでも、韓国語では 을/를が使われる動詞があります。なるべく助詞と動詞をセットで覚えましょう。

例 선생님을 만나요.　先生に会います。
　 택시를 타요.　　タクシーに乗ります。

4) ~에서　~で
・場所を表す名詞の後ろに付いて、行為が行われる場所を表します。

例 도서관에서 책을 읽어요.　図書館で本を読みます。
학교에서 공부해요.　　　学校で勉強します。

5) 名詞 + 하고　名詞+と
・二つ以上のものを対等に並べるときに使う助詞です。

例 백화점에서 구두하고 가방하고 옷을 사요.　デパートで靴とかばんと服を買います。
교실에 선생님하고 학생이 있어요.　　　教室に先生と学生がいます。

・人を表す名詞の後に付いて、共に行動する相手を表します。

例 언니하고 집에서 놀아요.　　姉と家で遊びます。
시내에서 친구들하고 만나요.　市内で友達たちと会います。

6) 韓国語の二つの文体
　日本語の「です・ます体」に当たる韓国語の丁寧体には、**합니다**体と**해요**体の二つがあります。例えば日本語の動詞「する」の丁寧体は「します」一つですが、韓国語の動詞**하다**の丁寧体は**합니다**と**해요**の二つがあるのです。**합니다**体はよりかしこまった感じがして、**해요**体はより親しみのある感じがします。また**합니다**体は平叙文、疑問文、命令文、勧誘文のすべてで文末の形が違いますが、**해요**体はすべて同じ形です。(下の表参照)

基本形	文の種類	해요体の活用形	합니다体の活用形	です・ます体の活用形
하다　する	平叙文	해요.	합니다	します
	疑問文	해요?	합니까?	しますか?
	命令文	해요.	하십시오	しなさい
	勧誘文	해요.	합시다	しましょう

第6課

1) 안 ～(해)요. ～ません。／～くありません。
・動詞や形容詞の前に置いて、否定文を作ります。

例 A: 티브이를 봐요?　　　　テレビを見ますか?
B: 아니요, 티브이를 안 봐요.　いいえ、テレビを見ません。

A: 추워요?　　　　　　　寒いですか?
B: 아니요, 안 추워요.　　いいえ、寒くありません。

- 공부해요(勉強します)や 운동해요(運動します)のような「名詞+해요」の動詞の場合は、名詞と 해요の間に 안を入れて否定文を作ります。

例 A: 공부해요?　　　　　勉強しますか？
　　B: 아니요, 공부 안 해요.　いいえ、勉強しません。

2) 언제　いつ

例 A: 언제 한국에 가요?　いつ韓国に行きますか？
　　B: 주말에 가요.　　　週末に行きます。

3) ～에　～に
- 時間や月日、曜日などの名詞の後ろに付いて、行為が行われる時を表わす助詞です。

例 수업이 두 시에 시작해요.　授業が2時に始まります。(時間の表し方 ☞第7課)
　 일요일에 쇼핑을 해요.　　日曜日に買い物をします。
　 오후에 친구를 만나요.　　午後に友達に会います。

- 어제(きのう)、오늘(今日)、내일(明日)などには、에が付きません。

例 오늘 수업이 없어요.　今日、授業がありません。
　 내일 학교에 안 가요.　明日、学校に行きません。

4) ～해요.　～しましょう。
- ～해요は勧誘の意味を表すこともできます。

例 A: 주말에 같이 운동해요.　週末一緒に運動しましょう。
　　B: 네, 좋아요.　　　　　はい、いいです。

第7課

1) 時間の表し方
- ～時を表すときには固有数詞を、～分を表すときには漢数詞を使います。

例 한 시 일 분　1時1分

2) ～이/가 어때요?　～はどうですか？
- 物や人などの状態について尋ねるときに使います。

例 A: 선생님이 어때요? 　先生はどうですか？
　　B: 친절해요. 　　　　親切です。

　　A: 날씨가 어때요? 　　天気はどうですか？
　　B: 아주 좋아요. 　　　とてもいいです。

3) 은/는と이/가について
・은/는と이/가は、日本語の「～は」と「～が」にほぼ対応していますが、少し日本語とは違う使い方をすることもあります。(☞ P.171)
・下の会話のように、ひと続きの会話での最初の質問では이/가を使いますが、2回目以降の質問では은/는を使ったりします。

例 A: 고기 맛이 어때요? 　　　肉の味はどうですか？
　　B: 아주 맛있어요. 　　　　とてもおいしいです。
　　A: 그럼, 김치 맛은 어때요? では、キムチの味はどうですか？
　　B: 김치도 맛있어요. 　　　キムチもおいしいです。

第8課

1) 해요体
・日本語の「です・ます体」に当たる表現です。
・疑問文は요の後ろに「?」を付けて尻上がりに発音します。

例 회사에서 일해요.　　会社で働きます。
　 한국어를 배워요? 　韓国語を習いますか？
　 김치가 좋아요? 　　キムチが好きですか？

2) 해요体の作り方
・해요体の作り方を整理すると次ページの表のようになります。
・△の語句は母音の縮約が起きています。
・動詞や形容詞を三つのグループに分けて考えましょう。

①하다で終わるもの	일하다			⇒ 일해요
	공부하다			⇒ 공부해요
②語幹の母音がㅏかㅗのもの	타다 →	타	+ 아요	⇒ 타요△
	보다 →	보	+ 아요	⇒ 봐요△
	살다 →	살	+ 아요	⇒ 살아요
③語幹の母音がㅏかㅗ以外のもの	먹다 →	먹	+ 어요	⇒ 먹어요
	배우다 →	배우	+ 어요	⇒ 배워요△
	기다리다 →	기다리	+ 어요	⇒ 기다려요△
	지내다 →	지내	+ 어요	⇒ 지내요△

＊語幹とは、基本形から最後の**다**を除いた部分を指します。

3) 해요体の母音の縮約

・語幹の最後にパッチムがない動詞や形容詞に**아요**や**어요**を付けると、多くは母音同士がくっつき短くなります。母音の縮約について整理すると次のようになります。

① ㅏ+아요 ⇒ ㅏ요	가다	→	가아요	⇒ 가요
② ㅗ+아요 ⇒ ㅘ요	보다	→	보아요	⇒ 봐요
③ ㅓ+어요 ⇒ ㅓ요	서다	→	서어요	⇒ 서요
④ ㅜ+어요 ⇒ ㅝ요	배우다	→	배우어요	⇒ 배워요
⑤ ㅣ+어요 ⇒ ㅕ요	기다리다	→	기다리어요	⇒ 기다려요
⑥ ㅐ+어요 ⇒ ㅐ요	지내다	→	지내어요	⇒ 지내요
⑦ ㅚ+어요 ⇒ ㅙ요	되다	→	되어요	⇒ 돼요

! 語句　서다　立つ　되다　なる

第9課

1) 해요体の過去形

・日本語の「動詞＋ました」「形容詞＋かったです」などに当たる表現です。
・疑問文は最後に**?**を付けて**요**を尻上がりに発音します。

例　어제도 일했어요.　　きのうも仕事しました。
　　영화가 좋았어요?　　映画がよかったですか？

・**해요**体から最後の**요**を取って**ㅆ어요**を付けると**해요**体の過去形ができます。

일하다	→	일해요	+ ㅆ어요	⇒	일했어요
공부하다	→	공부해요	+ ㅆ어요	⇒	공부했어요
타다	→	타요	+ ㅆ어요	⇒	탔어요
보다	→	봐요	+ ㅆ어요	⇒	봤어요
살다	→	살아요	+ ㅆ어요	⇒	살았어요
먹다	→	먹어요	+ ㅆ어요	⇒	먹었어요
배우다	→	배워요	+ ㅆ어요	⇒	배웠어요
기다리다	→	기다려요	+ ㅆ어요	⇒	기다렸어요
지내다	→	지내요	+ ㅆ어요	⇒	지냈어요

2) ～이에요 / 예요の過去形

・日本語の「～でした」に当たる、～이에요 / 예요の過去形は、～**이었어요 / 였어요**です。
・末尾にパッチムのあるものには**이었어요**、パッチムのないものには**였어요**が付きます。

例　어제는 금요일이었어요.　きのうは金曜日でした。
　　여기는 학교였어요.　ここは学校でした。

第10課

1) ～(이)라고 합니다. ～と申します。

・自己紹介で自分の名前を言うときに使う表現です。
・末尾にパッチムがある名前には**이라고 합니다**、パッチムがない名前には**라고 합니다**が付きます。

例　김지은이라고 합니다.　キム・ヂウンと申します。
　　사사키 아야라고 합니다.　佐々木彩と申します。

・この表現を応用すると、韓国語で物の名前を聞くことができます。

例　A: 이거, 뭐라고 합니까?　これ、何と言いますか?
　　B: 김이라고 합니다.　キム (海苔) と言います。

2) ～에서　～から

・場所を表す名詞の後ろに付いて、出発地点を表す助詞です。

例　도쿄에서 왔어요.　東京から来ました。

・日本語の「～で」のように、行為が行われる場所も表します。(☞第5課)

例　도서관에서 책을 읽어요.　図書館で本を読みます。

3) 합니다体

・日本語の「です・ます体」に当たります。
・해요体よりもかしこまった丁寧体です。

例 집을 청소합니다.　家を掃除します。
　　밥이 맛있습니다.　ごはんがおいしいです。

・합니다体の疑問文は、末尾の**다**を**까?**に換えて**ㅂ니까?/습니까?**とし、尻上がりに発音します。

例 영화를 봅니까?　映画を見ますか?

4) 합니다体の作り方

・語幹の最後にパッチムがあるかないかに注目して三つのグループに分けて考えましょう。

①パッチムなし	사다 → 사 + ㅂ니다 ⇒ 삽니다
②パッチムあり	먹다 → 먹 + 습니다 ⇒ 먹습니다
③ㄹパッチム	살다 → 살 + ㅂ니다 ⇒ 삽니다

5) 二つの삽니다

・사다(買う)と 살다(住む)の합니다体は、どちらも**삽니다**ですが、前に来る助詞などによって意味の違いが分かります。

例 백화점에서 옷을 삽니다.　デパートで服を買います。
　　친구가 서울에 삽니다.　　友達がソウルに住んでいます。

6) ～이에요 / 예요の합니다体

・～**이에요 / 예요**の**합니다**体は、～**입니다**です。

例 집은 서울입니다.　家はソウルです。
　　저는 주부입니다.　私は主婦です。

・話し言葉では、パッチムのない名詞の後の**이**は省略して発音されることもあります。

例 저는 사사키 아얍니다.　私は佐々木彩です。

7) 합니다体の過去形

・**합니다**体の過去形は、**해요**体の過去形の末尾の **ㅆ어요** を **ㅆ습니다** に換えるだけです。

일하다 →	일해요 →	일했어요	⇒ 일했습니다
살다 →	살아요 →	살았어요	⇒ 살았습니다
보다 →	봐요 →	봤어요	⇒ 봤습니다
먹다 →	먹어요 →	먹었어요	⇒ 먹었습니다
지내다 →	지내요 →	지냈어요	⇒ 지냈습니다

8) ～입니다の過去形

・日本語の「～でした」に当たる、～**입니다**の過去形は、～**이었습니다 / 였습니다**です。
・末尾にパッチムがあるものには**이었습니다**、パッチムのないものには**였습니다**が付きます。

例 　어제는 금요일이었습니다.　　きのうは金曜日でした。
　　　여기는 학교였습니다.　　　　ここは学校でした。

■ 索　引

本書に登場した単語・表現を掲載しました。本編第7課までに登場した用言は해요体〈基本形〉で示し、本編第8課以降のものは基本形のみを示しました。

索引の見出し語は次の子音の順序で並んでいます。
ㄱㄲㄴㄷㄸㄹㅁㅂㅃㅅㅆㅇㅈㅉㅊㅋㅌㅍㅎ

それぞれの子音の中は次の母音の順序で並んでいます。
ㅏㅐㅑㅒㅓㅔㅕㅖㅗㅘㅙㅚㅛㅜㅝㅞㅟㅠㅡㅢㅣ

ㄱ

가게	店	130
가깝다	近い	159
가방	かばん	64
가수	歌手	18
~가 아니에요	→~이/가 아니에요	65
가요〈가다〉	行きます	93
		94
	帰ります	116
가족	家族	85
감사합니다	ありがとうございます	46
값	値段	130
같이	一緒に	103
개	~個	86
겨울	冬	159
계단	階段	75
계세요	いらっしゃいます	85
		87
고궁	古宮	130
고기	肉	18
고맙습니다	ありがとうございます	65
고양이	ネコ	162
공부	勉強	95
공부해요〈공부하다〉	勉強します	49
공원	公園	81
공항	空港	129
과일	くだもの	67
과자	お菓子	65
괜찮습니다	大丈夫です	142
괜찮아요	大丈夫です	見返し
교실	教室	172
구	九	24
구두	靴	58
그	その	66
그거	それ	66
그래요?〈그렇다〉	そうですか	65
그럼	では	103
그리고	そして	85
금요일	金曜日	104
기다려요〈기다리다〉	待ちます	124
기모노	着物	159
기분	気分	108
길	道	130
김	海苔	179
김치	キムチ	123
~까지	~まで	169
까치	カササギ	28
깨끗하다	清潔だ・きれいだ	130
꽃	花	155
끝나요〈끝나다〉	終わります	102

ㄴ

나	私（非謙譲）	164
나가다	出る	129
나무	木	81
나쁘다	悪い	152
날씨	天気	152
남동생	弟	84
내일	明日	104
넓다	広い	130
네	はい	30
네	→넷	85
넷	4、四つ	86
노래	歌	30
노래하다	（歌を）歌う	146
노트	ノート	64
놀러 오세요	遊びに来てください	89
놀아요〈놀다〉	遊びます	49
누가	誰が	85
		87
누구	誰	18
누나	（弟から見た）お姉さん	84
눈	雪	152
뉴스	ニュース	108
~는	→~은/는	38

ㄷ

다녀오겠습니다	行ってきます	93
다섯	5、五つ	86
다음	今度	103
대학교	大学	59
대학생	大学生	61
더 드세요	もっと召し上がってください	見返し
덥다	暑い	152
데이트해요〈데이트하다〉	デートします	98

한국어	일본어	쪽
~도	~も	75
		79
도서관	図書館	80
도시	都市	18
도착	到着	129
도착하다	到着する	129
되다	なる	168
돈	お金	172
동네	町	81
동아리 활동	サークル活動	120
두	→둘	86
둘	2、二つ	86
뒤	後ろ	74
드라마	ドラマ	118
듣다	聞く	132
들	~たち	129
등	など	130
따뜻해요〈따뜻하다〉	温かいです	89
딸	娘	28
떡볶이	トッポッキ、モチの辛子味噌炒め	130

ㄹ

~를	→~을/를	49

ㅁ

마셔요〈마시다〉	飲みます	95
마음	心	89
만나요〈만나다〉	会います	95
만들다	作る	123
많다	多い	124
많이	とても	130
		153
많이 드십시오	たくさん召し上がってください	142
맛	味	155
맛없다	まずい	154
맛있어요〈맛있다〉	おいしいです	46
매일	毎日	103
맵다	辛い	154
먹어요〈먹다〉	食べます	95
멀다	遠い	154
명	~名	89
몇	何~	85
모두	全部で	88
목요일	木曜日	104
물	水	22
뭐	何	48
뭐예요?	何ですか？	31
		67
미안합니다	ごめんなさい	見返し
미국	アメリカ	144

ㅂ

바나나	バナナ	41
바빠요〈바쁘다〉	忙しいです	117
반	半	114
반가워요	(会えて)うれしいです	143
반갑습니다	(会えて)うれしいです	57
받으세요	受け取ってください	65
밤	夜	23
밥	ごはん	23
방	部屋	116
배우다	習う	122
백화점	デパート	79
벤치	ベンチ	81
보통	普通	103
볼펜	ボールペン	64
봐요〈보다〉	見ます	49
부산	プサン	145
~부터	~から	169
분	~分	114
분	~かた	143
비	雨	152
비디오	ビデオ	137
비빔밥	ビビンバ	137
비싸다	高い	130
비행기	飛行機	129
빨리	速く	113
빵	パン	28

ㅅ

사	四	24
사과	リンゴ	30
사람	人	85
사랑	愛	23
사요〈사다〉	買います	95
산	山	22
살아요〈살다〉	住んでいます	81
삼	三	24
삼한사온	三寒四温	74
샤워	シャワー	119
서다	立つ	178
서울	ソウル	129
선생님	先生	56
세	→셋	86
세수	洗顔	132
세수하다	洗顔する	148
셋	3、三つ	86
쇼핑	ショッピング	135
수박	スイカ	67
수업	授業	102
수요일	水曜日	104
숙제	宿題	115

-183-

쉽다	やさしい	154
스웨터	セーター	31
시	～時	112
시간	時間	112
시계	時計	30
시내	市内・中心街	92
시작해요〈시작하다〉	始まります	102
시험	試験	156
식당	食堂	75
식사	食事	139
신문	新聞	64
싫다	嫌だ	164
십	十	24
십중팔구	十中八九	74
싸요〈싸다〉	安いです	28
쓰다	書く	132
씨	～さん	43

ㅇ

아	ああ	65
아니에요	いいえ	見返し
아니요	いいえ	65
아들	息子	87
아래	下	74
아르바이트	アルバイト	120
아르바이트해요〈아르바이트하다〉	アルバイトします	98
아버지	父	18
아이	子供	14
아주	とても	133
아침	朝	102
	朝ごはん	118
아파트	マンション	81
아프다	痛い	166
아홉	9、九つ	86
안	中	74
안～	～ません	103
		105
안 계세요	いらっしゃいません	88
안내	案内	75
안녕하세요?	こんにちは	38
안녕하십니까?	こんにちは	142
안녕히 가세요	さようなら	99
안녕히 계세요	さようなら	見返し
앞	前	74
야구	野球	109
야구해요〈야구하다〉	野球します	48
약	薬	22
약속	約束	118
얘기	話	30
어디	どこ	75

		77
어때요?〈어떻다〉	どうですか?	113
		116
어떻게	どう	123
어렵다	難しい	154
어머니	母	18
어제	きのう	133
언니	(妹から見た)お姉さん	84
언제	いつ	103
		104
없어요〈없다〉	ありません・いません	75
		76
～에	～に	75
		77
～에서	～で	93
		97
	～から	143
여기	ここ	179
여덟	8、八つ	86
여동생	妹	84
여섯	6、六つ	86
여자	女の人	18
여행	旅行	129
열	10、十	86
열넷	14	86
열다섯	15	86
열두	→열둘	86
열둘	12	86
열셋	13	86
열심히 하세요	頑張ってください	113
열하나	11	86
열한	→열하나	86
영어	英語	162
영화	映画	93
영화관	映画館	92
옆	横	74
예쁘다	かわいいです	154
～예요	→～이에요/예요	38
오	五	14
오늘	今日	104
오뎅	おでん	130
오래간만입니다	お久しぶりです	142
오빠	(妹から見た)お兄さん	84
오이	キュウリ	14
오전	午前	104
오후	午後	104
옷	服	22
와사비	ワサビ	159
와요〈오다〉	来ます	94
왜요?	なぜですか?	30
요리	料理	123

-184-

요즘	最近	123
우리	私たち	18
	うちの、私の	42
우산	雨傘	64
우유	牛乳	14
운동	運動	103
운동장	運動場	136
운동해요〈운동하다〉	運動します	97
운전	運転	132
월요일	月曜日	104
위	上	31
육	六	24
~은	→~은/는	57
~은/는	~は	59
~을/를	~を	95
음식	食べ物	130
음악	音楽	132
~의	~の	164
의자	いす	31
이	二	14
~이	→~이/가	24
이	この	66
~이/가	~が	76
~이/가 아니에요	~ではありません	68
이거	これ	40
		66
~(이)라고 합니다	~と申します	142
이름	名前	57
~이에요	→~이에요/예요	24
~이에요/예요	~です	58
이유	理由	14
인도	インド	159
인천	インチョン	129
일	一	24
일	仕事	96
일곱	7、七つ	86
일기예보	天気予報	157
일본	日本	73
일본 사람	日本人	56
일석이조	一石二鳥	74
일어나요〈일어나다〉	起きます	102
일요일	日曜日	104
일해요〈일하다〉	仕事します	49
읽어요〈읽다〉	読みます	95
입어요〈입다〉	着ます	102
있어요〈있다〉	あります・います	44
		76

ス

자요〈자다〉	寝ます	102
잘 다녀오세요	行ってらっしゃい	93
잘 먹겠습니다	いただきます	142
잘 먹었습니다	ごちそうさまでした	見返し
잘 부탁합니다	どうぞよろしくお願いします	61
잘 지내요	元気に過ごしています	123
잘해요〈잘하다〉	上手です	47
잡지	雑誌	64
재미없어요〈재미없다〉	つまらないです	117
재미있어요〈재미있다〉	面白いです	47
저	私（謙譲）	38
저	あの	66
저	あのう	75
저거	あれ	66
저녁	夕方・夜	104
	夕ごはん	119
전화	電話	164
점심	昼ごはん	108
정말	本当に	130
제	私の	57
조금	少し	157
종로	チョンノ	130
좋아요〈좋다〉	いいです	47
죄송합니다	申し訳ありません	142
주말	週末	103
주부	主婦	56
주세요	ください	66
주스	ジュース	40
지금	今	114
지내요〈지내다〉	過ごします	123
지하철	地下鉄	124
집	家	77
집에 가요	家に帰り（行き）ます	117
집에 오다	家に帰る（来る）	139
짜요〈짜다〉	塩辛いです	28
쯤	ごろ	129

え

차	車	28
차	お茶	70
참	本当に	89
책	本	64
책상	机	64
처음 뵙겠습니다	はじめまして	142
청소	掃除	132
축하합니다	おめでとうございます	見返し
춥다	寒い	152
층	階	75
친구	友達	43
친절하다	親切です	154
칠	七	24
칠전팔기	七転八起	74

ヲ

카레	カレー	138
커피	コーヒー	28
커피숍	コーヒーショップ	75
크다	大きい	165

ㅌ

타다	乗る	124
택시	タクシー	174
토마토	トマト	28
토마토 주스	トマトジュース	45
토요일	土曜日	104
티브이	テレビ	49

ㅍ

팔	八	24
팔다	売る	130
편지	手紙	132
포도	ブドウ	28
포장마차	屋台	130

ㅎ

~하고	~と	93
하나	一つ	18
	1	86
하루	一日	118
하와이	ハワイ	159
학교	学校	59
학생	学生	56
학생식당	学生食堂	108
한	→하나	86
한복	韓国の伝統衣装	159
한국	韓国	20
한국 사람	韓国人	56
한국 음식	韓国料理	123
한국어	韓国語	24
한국어로	韓国語で	71
한번	一度	89
할머니	おばあさん	84
할아버지	おじいさん	84
해요〈하다〉	します	93
		95
형	(弟から見た)お兄さん	84
호텔	ホテル	129
화요일	火曜日	104
화장실	トイレ	92
회사	会社	31
회사원	会社員	56
후	~(の)後	139

著者
光化門韓国語スタジオ（以下五十音順）

井上敦子　共立女子大学卒業。高麗大学教育大学院修士課程修了（外国人のための韓国語教育専攻）。2005年度より札幌大学・北星学園大学ほかにて韓国語講師。札幌市在住。

田中節子　松蔭女子学院大学英文科卒業。韓国において、延世大学語学堂、三星研修院などで日本語教育および教師の指導に携わる。日本語OPI会員。2000年より、熊本学園大学ほかにて韓国語を教える。熊本市在住。

藤原義嗣（よしつぐ）　下関市立大学卒業。慶熙大学教育大学院修士課程修了（外国人のための韓国語教育専攻）。2004年度より下関市立大学ほかにて韓国語講師。2007年度より梅光学院大学国際言語文化学部東アジア言語文化学科講師。下関市在住。

協力：千永柱

シンプル韓国語　入門編

発行日	2010年　4月28日　（初版）
	2017年　4月27日　（第5刷）
著　者	光化門韓国語スタジオ
編集	株式会社アルク 出版編集部、株式会社HANA
カバー・本文デザイン	木下浩一（UNGROUN）
本文イラスト	土井淳子
DTP	有限会社共同制作社
ナレーション	シン・ヘギョン／ソク・ウォニ／アン・ジョンヒ／井上みゆき
録音・編集	SRB RECORDS
CDプレス	株式会社ソニー・ミュージックコミュニケーションズ
印刷・製本	広研印刷株式会社
発行者	平本照麿
発行所	株式会社アルク

〒102-0073　東京都千代田区九段北4-2-6 市ヶ谷ビル
TEL：03-3556-5501　FAX：03-3556-1370
Email：csss@alc.co.jp
Website：http://www.alc.co.jp/
製品サポート：http://www.alc.co.jp/usersupport/

地球人ネットワークを創る
アルクのシンボル「地球人マーク」です。

落丁本、乱丁本、CDに不具合が発生した場合は、弊社にてお取り換えいたしております。弊社カスタマーサービス部（電話：03-3556-5501　受付時間：平日9時〜17時）までご相談ください。本書の全部または一部の無断転載を禁じます。著作権法上で認められた場合を除いて、本書からのコピーを禁じます。

ⓒ2010　Gwanghwamun kankokugo studio / ALC Press Inc.　Printed in Japan.
PC:7010008　ISBN978-4-7574-1843-1

韓国語のあいさつ

1 
A : 안녕하세요?
B : 네, 안녕하세요?

2 
A : 처음 뵙겠습니다. 반갑습니다.
B : 후지이 료라고 합니다. 잘 부탁합니다.

3 
A : 안녕히 계세요.
B : 안녕히 가세요.

4 
A : 안녕히 가세요.
B : 안녕히 가세요.

5 
A : 감사합니다.
B : 아니에요.

6 
A : 죄송합니다./미안합니다.
B : 괜찮습니다.

シンプル韓国語 – 入門編　解答集

□ 発音と文字編

第1課

練習3
① 우유　② 아이　③ 오

練習4
① 이　② 오+이=오이

第2課

練習2
① 어머니　② 도시　③ 하나

練習3
① ㄱ　② ㄴ　③ ㅅ

第3課

1-練習1
① ㄱ　② ㄴ　③ ㄹ　④ ㅁ　⑤ ㅂ　⑥ ㅇ

3-練習2
① 옷　② 밤　③ 산

3-練習3
① 밥　② 물

第5課

練習2
① 뭐예요?　② 회사　③ 사과　④ 노래

第6課

練習1
① ながた　② なかた　③ おがた　④ おかだ
⑤ わたなべ　⑥ あべ　⑦ さとう　⑧ よしだ
⑨ りょうこ　⑩ しゅんすけ　⑪ とうきょう
⑫ ぐんま　⑬ だざいふ　⑭ とっとり

□ 本編

第1課

新しい課に入る前に
① 회사원　② 한국 사람　③ 학생　④ 가수
⑤ 일본 사람　⑥ 선생님　⑦ 주부

2-練習1
（末尾にパッチムがある単語）
학생, 약, 한국 사람, 회사원, 산, 물
（末尾にパッチムがない単語）
아버지, 주부, 구두, 친구, 토마토, 우유, 가수, 저

2-練習2
① 이에요　② 이에요　③ 예요　④ 이에요
⑤ 이에요　⑥ 예요

2-練習1
① 은　② 는　③ 은　④ 는

課題1
① A　② B　③ B
[音声スクリプト]
① A: 저는 이유리예요. 회사원이에요.
　 B: 저는 유리예요. 주부예요. 일본 사람이에요.
② A: 안녕하세요? 저는 이하균이에요. 회사원이에요.
　 B: 안녕하세요? 저는 이하균이에요. 한국 사람이에요. 학생이에요.
③ A: 제 이름은 이영애예요. 선생님이에요. 반갑습니다.
　 B: 안녕하세요? 저는 이영애예요. 가수예요.

課題3
[問題文訳]
こんにちは。
（会えて）うれしいです。
私の名前はキム・ヂウンです。
私は韓国人です。
私は大学生です。

- 1 -

どうぞよろしくお願いします。
ありがとうございます。

韓国語で遊ぼう
(人に関する言葉)
아이, 선생님, 주부, 일본 사람, 여자, 딸, 가수, 어머니, 회사원, 아버지, 한국 사람, 학생, 친구, 대학생
(食べ物や飲み物に関する言葉)
바나나, 오이, 우유, 고기, 물, 밥, 커피, 토마토, 포도, 빵, 주스

第2課

新しい課に入る前に
① 티브이 ② 신문 ③ 책 ④ 우산 ⑤ 구두 ⑥ 노트 ⑦ 볼펜 ⑧ 잡지 ⑨ 가방 ⑩ 책상

1-練習1
[解答例]
이 사과, 그 바나나, 저 책 など

2-練習1
① 바나나/예요 ② 수박/이에요 ③ 사과/예요

3-練習1
① 이 ② 가 ③ 가 ④ 이

3-練習2
① 가 아니에요 ② 이 아니에요 ③ 아니요/책이 아니에요 ④ 아니요/의자가 아니에요

課題1
① × ② A ③ B ④ × ⑤ C ⑥ D
[音声スクリプト]
A: 이거 뭐예요?/바나나예요.
B: 그거 뭐예요?/신문이에요.
C: 저거 우산이에요?/아뇨, 우산이 아니에요. 가방이에요.
D: 저거 옷이에요? 구두예요?/옷이에요.

課題2
① 雑誌 ② くつ ③ バナナ ④ ジュース ⑤ 牛乳

韓国語で遊ぼう
(家にあるものに関する言葉)
잡지, 우산, 노트, 옷, 책, 차, 시계, 의자, 티브이, 볼펜, 약, 구두, 책상, 가방, 신문, 스웨터
(建物や場所に関する言葉)
산, 도쿄, 회사, 한국, 학교, 도시, 일본

第3課

新しい課に入る前に - 1
① 일/이 ② 칠/팔 ③ 삼/사 ④ 십/팔

新しい課に入る前に - 2
① 안 ② 아래 ③ 뒤 ④ 옆 ⑤ 앞 ⑥ 위

1-練習1
① 가 ② 이 ③ 가 ④ 이

1-練習2
① 있어요 ② 없어요 ③ 가 있어요/아니요, 없어요

2-練習1
① 식당 ② 커피숍에 있어요 ③ 집에 있어요

2-練習2
① 뒤에 ② 옆에 ③ 안에 ④ 어디에 있어요/옆에 ⑤ 어디에 있어요/책상 아래에 있어요

3-練習1
① 이/도 ② 도/도 ③ 는 ④ 도/도

課題1
① ○ ② × ③ ○ ④ ○
[音声スクリプト]
① 구두가 어디에 있어요?/삼 층에 있어요.

② 가방이 어디에 있어요?/사 층에 있어요.
③ 옷이 어디에 있어요?/이 층에 있어요.
④ 일 층에 커피숍이 있어요?/아니요, 사 층 계단 옆에 있어요.

課題2
① 아버지 회사 ② 식당 ③ 커피숍 ④ 공원

第4課

新しい課に入る前に
① 할아버지 ② 할머니 ③ 아버지 ④ 어머니 ⑤ 형 ⑥ 누나 ⑦ 오빠 ⑧ 언니 ⑨ 남동생 ⑩ 여동생

2-練習1
① 한 ② 두 ③ 세 사람이에요 ④ 몇 사람이에요/다섯 사람이에요

3-練習1
① 할머니 ② 어머니 ③ 딸 ④ 오빠/언니 ⑤ 여동생

4-練習1
① 계세요 ② 있어요 ③ 있어요 ④ 계세요

4-練習2
① 세 ② 네 사람 ③ 우리 가족/저 ④ 몇 사람/ 다섯 사람/여동생
[音声スクリプト]
① 우리 가족은 세 사람이에요.
② 우리 가족은 네 사람이에요.
③ 우리 가족은 아버지, 어머니, 저예요.
④ 가족이 몇 사람이에요?/우리 가족은 모두 다섯 사람이에요. 아버지, 어머니, 오빠, 여동생, 그리고 저예요.

課題1
① B ② A ③ C
[音声スクリプト]

A: 우리 가족은 모두 세 사람이에요. 아버지, 어머니, 저예요.
B: 가족이 몇 사람이에요?/네 사람이에요. 아버지, 어머니, 여동생, 그리고 저예요.
C: 가족이 누가 계세요?/할머니, 아버지, 누나, 저, 그리고 남동생도 있어요.

課題2
① 다섯 사람이에요.
② 아니요. 회사원이 아니에요.
③ 아니요, 할머니는 안 계세요.

第5課

新しい課に入る前に
① 화장실 ② 공원 ③ 영화관 ④ 식당 ⑤ 백화점 ⑥ 집 ⑦ 회사 ⑧ 도서관 ⑨ 시내

1-練習1
① 가요 ② 어디에/집에 가요 ③ 어디에 가요/회사에 가요 ④ 어디에 가요/식당에 가요

2-練習1
① 를 ② 을 ③ 를 ④ 을

2-練習2
① 영화를 봐요 ② 공부를 해요 ③ 밥을 먹어요 ④ 학교에 가요 ⑤ 책을 읽어요 ⑥ 커피를 마셔요 ⑦ 일을 해요 ⑧ 옷을 사요

3-練習1
① 일해요 ② 도서관에서 ③ 집에서 티브이를 봐요 ④ 식당에서 밥을 먹어요 ⑤ 백화점에서 옷을 사요

3-練習2
① A: 어디에서 일을 해요? / B: 회사에서 (일을) 해요. ② A: 어디에서 영화를 봐요? / B: 영화관에서 (영화를) 봐요. ③ A: 어디에서 밥을 먹어요? / B: 집에서 (밥을) 먹어요.

課題1
① e ② d ③ b ④ a
[音声スクリプト]
例) A: 야마다 씨, 집에서 공부해요?
　　B: 아니요, 안 해요. 학교에서 해요.
① A: 어디에 가요?
　　B: 커피숍에 가요.
　　A: 커피숍에서 뭐 해요?
　　B: 커피숍에서 아르바이트해요.
② A: 어디 가요?
　　B: 시내에 가요.
　　A: 시내에서 뭐 해요?
　　B: 커피를 마셔요.
③ A: 어디에 가요?
　　B: 백화점에 가요.
　　A: 백화점에서 뭐 해요?
　　B: 옷을 사요.
④ A: 어디에 가요?
　　B: 공원에 가요.
　　A: 공원에서 뭐 해요?
　　B: 데이트해요.

課題2
③
[解答例]
カード②
A: ＿＿＿씨, 안녕하세요?
B: 네, 안녕하세요. ＿＿＿씨.
A: 어디에 가요?
B: 식당에 가요.
A: 식당에서 뭐 해요?
B: 아르바이트를 해요.
A: 아, 그래요?　안녕히 가세요.
B: 안녕히 가세요.
カード③
A: ＿＿＿씨, 안녕하세요?
B: 네, 안녕하세요. ＿＿＿씨.
A: 어디에 가요?
B: 시내에 가요.
A: 시내에서 뭐 해요?
B: 친구를 만나요.
A: 아, 그래요?　안녕히 가세요.
B: 안녕히 가세요.

第6課

新しい課に入る前に
①스웨터를 입어요　②밤에 자요　③ 수업이 끝나요　④ 아침에 일어나요　⑤ 수업이 시작해요　⑥친구하고 놀아요

1-練習1
① 일요일에 가요　② 오후에 만나요　③ 언제/놀아요/저녁에 놀아요　④ 언제/시작해요/내일 시작해요　⑤ 언제 영화가 끝나요/금요일에 끝나요

2-練習1
① 안 가요　② 안 와요　③ 안 해요　④ 안 봐요　⑤ 안 읽어요　⑥ 안 먹어요　⑦ 안 마셔요

2-練習2
①안 가요　② 안 먹어요　③ 봐요　④ 놀아요

2-練習3
① 도서관에서 책을 읽어요?/아니요, 안 읽어요.　② 집에서 티브이를 봐요?/아니요, 안 봐요.　③ 식당에서 밥을 먹어요?/아니요, 안 먹어요.　④ 커피숍에서 커피를 마셔요?/아니요, 안 마셔요.

2-練習4
① ○　② ○　③ ×　④ ○　⑤ ○　⑥ ×
[音声スクリプト]
① 책을 읽어요.　② 옷을 사요.　③ 오늘 공부를 안 해요.　④ 시내에서 친구를 만나요.　⑤ 우리 집에서 커피를 안 마셔요.　⑥ 아이가 밥을 먹어요.

課題2
① 朝　② 週末　③ 夜/図書館　④ 午後
[音声スクリプト]
例)
A: 친구가 언제 와요?

B: 내일 와요.
①
A: 그 빵을 언제 먹어요?
B: 아침에 커피하고 같이 먹어요.
②
A: 영화를 언제 봐요? 오늘 봐요?
B: 아니요, 오늘은 안 봐요. 주말에 봐요.
③
A: 한국어를 언제 공부해요?
B: 도서관에서 밤에 공부해요.
④
A: 오늘 오후에 운동장에서 운동해요?
B: 아니요, 안 해요. 공원에서 해요.

課題3
②
[解答例]
カード①
A: 매일 한국어를 공부해요?
B: 아니요, 매일은 안 해요.
A: 그럼 언제 해요?
B: 보통 주말에 해요.
A: 그래요? 다음에 같이 해요.
B: 네, 좋아요.
カード②
A: 주말에 영화를 봐요?
B: 아니요, 주말에는 안 봐요.
A: 그럼 언제 봐요?
B: 오늘 저녁에 봐요.
A: 그래요? 다음에 같이 봐요.
B: 네, 좋아요.

第7課

2-練習1
① 세 ② 몇 시예요/이십 ③ 지금 몇 시예요/여덟 시 십오 분이에요

2-練習2
① 2:00 ② 3:00 ③ 5:00 ④ 8:00
⑤ 9:00 ⑥ 11:00 ⑦ 10:05 ⑧ 6:30
[音声スクリプト]
① 두 시예요. ② 세 시예요. ③ 다섯 시예요. ④ 여덟 시예요. ⑤ 아홉 시예요. ⑥ 열한 시예요. ⑦ 열시 오 분이에요. ⑧ 여섯 시 삼십 분이에요.

3-練習1
① 일곱 시에 일어나요 ② 일곱 시 십 분에 옷을 입어요 ③ 아홉 시 반(삼십 분)에 수업이 시작해요 ④ 한 시에 한국어를 공부해요 ⑤ 네 시에 수업이 끝나요 ⑥ 다섯 시에 친구하고 친구 집에서 놀아요 ⑦ 여덟 시에 집에 가요 ⑧ 열한 시에 방에서 자요

4-練習1
① 바빠요 ② 맛있어요 ③ 재미있어요
④ 따뜻해요 ⑤ 좋아요

課題1
① 두 ② 세 시 ③ 아홉 시 ④ 다섯 시
⑤ 열 시 ⑥ 한 시 ⑦ 네 시 ⑧ 여섯 시
[音声スクリプト]
① 지금 몇 시예요?/두 시예요. ② 약속이 몇 시예요?/세 시예요. ③ 그 드라마 몇 시에 시작해요?/아홉 시에 시작해요. ④ 수업이 몇 시에 시작해요?/다섯 시에 시작해요. ⑤ 뉴스가 몇 시에 끝나요?/열 시에 끝나요. ⑥ 몇 시에 점심을 먹어요?/한 시에 먹어요. ⑦ 그 영화 몇 시에 시작해요?/네 시에 시작해요. ⑧그 영화 몇 시에 끝나요?/여섯 시에 끝나요.

課題2
① 7:00 ② 7:45 ③ 8:00 ④ 12:30
⑤ 5:00 ⑥ 8:00 ⑦ 9:00 ⑧ 11:00

[問題文訳]
一日
私は普通朝7時に起きます。
7時45分に朝ごはんを食べます。
そして8時に学校に行きます。
昼ごはんは12時半に学生食堂で食べます。
午後には図書館で勉強します。

そして5時に家に帰り(行き)ます。
夕ごはんは7時に食べます。
8時にテレビを1時間見ます。
そしてシャワーをします。
普通夜11時に寝ます。

第8課

新しい課に入る前に
① 가다 ② 오다 ③ 하다 ④ 먹다 ⑤ 보다 ⑥ 마시다 ⑦ 배우다 ⑧ 공부하다

1-練習1
① 하다/공부하다/일하다/운동하다/시작하다
② 가다/사다/살다/만나다/보다/일어나다/자다/오다/좋다/타다
③ 먹다/마시다/있다/없다/입다/읽다/재미없다/기다리다/배우다/지내다/맛있다/만들다/재미있다

1-練習2
② 공부하다 ③ 일하다 ④ 시작하다

1-練習3
② 사다 ③ 살아요 ④ 만나다 ⑤ 보다 ⑥ 일어나요 ⑦ 자다 ⑧ 와요 ⑨ 좋다 ⑩ 끝나요 ⑪ 타다

1-練習4
② 마시다 ③ 있다 ④ 없어요 ⑤ 읽다 ⑥ 입어요 ⑦ 재미없다 ⑧ 기다려요 ⑨ 배우다 ⑩ 지내다 ⑪ 맛있어요 ⑫ 만들어요 ⑬ 재미있다

課題1
① 친구들하고 같이 한국 서울에 여행 가요.(友達と一緒に韓国のソウルに旅行に行きます。) ② 오후 1시: 비행기를 타요.(飛行機に乗ります。)/오후 3시 반: 인천 공항에 도착해요.(インチョン空港に到着します。)/오후 5시: 호텔에 도착해요.(ホテルに到着します。) ③ 깨끗해요. 그리고 넓어요.(きれいです。そして広いです。) ④ 종로에 있어요.(チョンノにあります。) ⑤ 값이 안 비싸요. 그리고 정말 맛있어요.(値段が高くありません。そして本当においしいです。)

【問題文訳】
ソウル旅行
私は週末に友達たちと一緒に
韓国のソウルに旅行に行きます。
土曜日の午前9時に家を出ます。
そして午後1時に飛行機に乗ります。
インチョン空港には3時半に到着します。
ホテル到着時間は5時頃です。

今、ホテルの部屋にいます。部屋がきれいです。
そして広いです。ホテルはチョンノにあります。
チョンノには古宮もあります。
食堂も店も多いです。
道には屋台も多いです。
トッポッキ、おでんなどの食べ物をたくさん売っています。
値段も高くありません。
そして本当においしいです。

第9課

新しい課に入る前に
① 8시에 일어나요 ② 신문을 읽어요
③ 동아리 활동을 해요 ④ 청소를 해요
⑤ 친구하고 놀아요 ⑥ 운전을 배워요

1-練習1
① 일어나요/일어났어요 ② 읽어요/읽었어요 ③ 마셔요/마셨어요 ④ 운동해요/운동했어요 ⑤ 와요/왔어요 ⑥ 먹어요/먹었어요 ⑦ 살아요/살았어요 ⑧ 지내요/지냈어요 ⑨ 배워요/배웠어요

1-練習2
① 신문을 읽었어요/신문을 안 읽었어요 ② 쇼핑을 했어요/쇼핑을 안 했어요 ③ 7시에 일어났어요/7시에 안 일어났어요 ④ 편지를 썼어요/편지를 안 썼어요 ⑤ 주

스를 마셨어요/주스를 안 마셨어요

1-練習3
① 어제/집에서 티브이를 봤어요 ② 뭐 했어요/도서관에서 책을 읽었어요 ③ 주말에 뭐 했어요?/커피숍에서 커피를 마셨어요 ④ 주말에 뭐 했어요/식당에서 아르바이트를 했어요 ⑤ 오늘 아침에 뭐 했어요/운동장에서 운동을 했어요

課題1
① どこで：시내에서(市内で) /何を：비빔밥을(ビビンバを) /誰と：친구하고(友達と) /どうだったか：맛있었어요．(おいしかった)
② 何をしたか：チウンさん→ 친구하고 같이 놀았어요．(友達と一緒に遊んだ。) 亮さん→ 저녁에 집에서 비디오를 봤어요．(夜、家でビデオを見た。) /どうだったか：チウンさん→ 재미있었어요．(面白かった) 亮さん→ 좋았어요．(よかった)

[音声スクリプト]
① 지은: 료 씨, 점심 먹었어요?
   료: 네,먹었어요. 시내에서 친구하고 비빔밥을 먹었어요. 맛있었어요.
② 료: 지은 씨는 어제 뭐 했어요?
   지은: 우리 집에 친구가 왔어요. 같이 놀았어요.
   료: 어땠어요?
   지은: 재미있었어요. 료 씨는 뭐 했어요?
   료: 저녁에 집에서 비디오를 봤어요. 좋았어요.

課題3
[問題文訳]
きのうは5時に起きました。
朝、宿題をしました。
そして学校に行きました。
午後には学校の運動場で友達と運動をしました。
気分がよかったです。
6時に家に帰りました。
食事の後、部屋で音楽を聴きました。

11時に寝ました。

第10課

1-練習1
① 사사키 아야라고 합니다. ② 김도연이라고 합니다.

1-練習2
① 미국에서 왔습니다 ② 오사카에서 왔습니다

1-練習3
① 도쿄에 삽니다 ② 서울에 삽니다

2-練習1
① 갑니다 ② 마십니다 ③ 노래합니다 ④ 놉니다 ⑤ 읽습니다 ⑥ 있습니다 ⑦ 듣습니다 ⑧ 옵니다

2-練習2
① 봅니다 ② 안 씁니다/책을 읽습니다 ③ 재미있습니다

2-練習3
① 만났습니다 ② 들었습니다 ③ 놀았습니다 ④ 세수했습니다 ⑤ 좋았습니다 ⑥ 기다렸습니다

2-練習4
① 후지이 료입니다 ② 일본 사람입니다 ③ 대학생이 아닙니다 ④ 과자입니다 ⑤ 어머니가 아닙니다

課題2
① 고맙습니다 ② 죄송합니다/괜찮습니다 ③ 많이 드십시오/잘 먹겠습니다 ④ 오래간만입니다

第11課

新しい課に入る前に
① 날씨가 좋아요 ② 더워요 ③ 날씨가 나빠요 ④ 추워요 ⑤ 비가 와요 ⑥ 눈이 와요

課題1
① ○ ② ○ ③ × ④ × ⑤ ○ ⑥ ×
⑦ × ⑧ ○

[音声スクリプト]
① A: 점심을 어디에서 먹어요?
   B: 학생식당에서 먹어요.
   A: 학생식당 맛이 어때요?
   B: 맛있어요.
② A: 뭐해요?
   B: 책을 읽어요.
   A: 어때요?
   B: 재미있어요.
③ A: 진수 씨, 지금 뭐 해요?
   B: 일을 해요.
   A: 일이 바빠요?
   B: 아니요, 안 바빠요.
④ A: 미영 씨, 기분이 안 좋아요?
   B: 네, 숙제가 많아요.
⑤ A: 그 학생 어때요.
   B: 좋아요. 정말 친절해요.
⑥ A: 옷을 많이 입었어요?
   B: 아니요, 많이 안 입었어요.
   A: 안 추워요?
   B: 추워요.
⑦ A: 옷이 예뻐요. 어디에서 샀어요?
   B: 백화점에서 샀어요?
   A: 비쌌어요?
   B: 네, 좀 비쌌어요.
⑧ A: 어제 시험이 있었어요.
   B: 아, 그래요? 어땠어요?
   A: 어려웠어요.

課題2
① ○ ② ○ ③ ○ ④ × ⑤ × ⑥ ○
⑦ ×

韓国語で遊ぼう
① 추워요 ② 더워요/멀어요 ③ 재미있어요 ④ 잘해요 ⑤ 좋아요 ⑥ 매워요
⑦ 예뻐요 ⑧ 와요